铸牢中华民族共同体意识
理论逻辑与现实问题研究

马维胜　主编

吉林大学出版社

·长　春·

图书在版编目（CIP）数据

铸牢中华民族共同体意识理论逻辑与现实问题研究 /
马维胜主编 . -- 长春 : 吉林大学出版社 , 2021.12

ISBN 978-7-5692-9677-8

Ⅰ . ①铸… Ⅱ . ①马… Ⅲ . ①中华民族—民族意识—
文集 Ⅳ . ① C955.2-53

中国版本图书馆 CIP 数据核字 (2021) 第 246566 号

书　　名	铸牢中华民族共同体意识理论逻辑与现实问题研究
	ZHULAO ZHONGHUA MINZU GONGTONGTI YISHI LILUN LUOJI YU XIANSHI WENTI YANJIU
作　　者	马维胜　主编
策划编辑	赵黎黎
责任编辑	赵黎黎
责任校对	单海霞
装帧设计	昌信图文
出版发行	吉林大学出版社
社　　址	长春市人民大街 4059 号
邮政编码	130021
发行电话	0431-89580028/29/21
网　　址	http://www.jlup.com.cn
电子邮箱	jdcbs@jlu.edu.cn
印　　刷	长春市昌信电脑图文制作有限公司
开　　本	787mm×1092mm　　　1/16
印　　张	11.25
字　　数	200 千字
版　　次	2022 年 5 月第 1 版
印　　次	2022 年 5 月第 1 次
书　　号	ISBN 978-7-5692-9677-8
定　　价	49.00 元

目 录

学术探讨

费孝通民族研究思想对
新时代铸牢中华民族共同体意识的启示

马海龙[*]

摘　要：费孝通的民族研究思想对当下我国铸牢中华民族共同体意识建设有着重要的启示作用和指导意义。本文结合费孝通"中华民族多元一体格局""美美与共""文化自觉""民族走廊"等重要思想学说，讨论中华民族共同体的概念及新时代铸牢"中华民族共同体"的方法。论文认为新时代铸牢"中华民族共同体"意识的核心在于培育各民族对"中华民族共同体"的认同意识，重点在于推动各民族的文化互动、文化转型及走廊民族共同体的发展，关键在于加快各民族社会现代化发展的同时，兼顾民族社会的多元现代性。

关键词：费孝通；民族研究；新时代；中华民族共同体意识

早在 2014 年 9 月的中央民族工作会议上，习近平总书记就提出了"中华民族共同体"这一概念。然而，将"中华民族共同体"引入中国共产党全国代表大会，党的十九大实属首次。其中，对于"中华民族"这个词，党的十九大报告中提到 43 次，足以说明构建"中华民族"对于中国未来发展的重要意义。正如习近平总书记所言，"深化民族团结进步教育，铸牢中华民族共同体意识，加强各民族交往交流交融，促进各民族像石榴籽一样紧紧抱在一起，共同团结奋斗、共同繁荣发展"。[①]

费孝通先生是我国著名的社会学家、人类学家、民族学家，曾在城乡关系、区域经济社会发展、农村和农民致富之路、中华民族共同体建设以及全球化与人类命运共同体建设等研究领域做出显著的学术贡献。费孝通先生在民族研究领域中提出的"中华民族多元一体格局""美美与共""文化自觉"及"民族走廊"等思想学说，对当下我国铸牢中华民族共同体意识仍然有着重要的启示作用和指

*马海龙（1987—　　），男，新疆石河子人，回族，青海民族大学民族学与社会学学院副教授，中山大学人类学博士，主要从事民族社会与发展、乡村振兴、一带一路等研究。

① 习近平 . 在全国民族团结进步表彰大会上的讲话［N］. 人民日报，2019-09-27.

导意义。本文结合费孝通先生在民族研究领域的相关论述讨论中华民族共同体的概念及新时代铸牢"中华民族共同体意识"的路径。

一、费孝通对中华民族共同体概念阐释的贡献

必须认识到，"中华民族"概念的提出与演变受到中国特定历史阶段、社会背景以及西方社会的发展，特别是西方民族国家（nation state）思想学说的提出以及民族国家纷纷建立等多重因素的影响。

"中华"一词是取自"中国"与"华夏"两个词[1]，而"民族"一词则在古代中国宗族之属与华夷之别论述中初见端倪[2]。历史上，各民族共同开拓了祖国的辽阔疆域，共同发展了灿烂的中华文化，各族人民的大团结具有深厚的历史渊源和广泛的现实基础。在中国历史发展的过程中，我国各族人口密切互动，形成相互依存的关系，结成了命运共同体，共同保家卫国，为维护国家的完整、独立，促进国家的发展和进步做出了卓越贡献。尤为值得重视的是，历史上虽然有过不同民族政权并立的情形，但是各民族的统治者往往均有一个共同的历史传统，即统一的意识。

"中华民族"这一概念指的并非是一个自在的民族共同体，而是近代中国各族人民在遭逢西方列强侵略过程中，以西方民族–国家观念为蓝本，形成的一个"国民"共同体。[3]近代以来，随着中国面临国破家亡、救亡图存的国家危机与民族危急时刻，"中华民族"一词的提出成为中国境内各族人民共同呼声。各族人民在同仇敌忾、共御外侮，争取民族独立和解放，维护国家统一和领土完整的斗争过程中，逐渐缔结为同呼吸、共命运、心连心的共同体。梁启超将日文民族国家理论学说中引入中文语境，率先提出"中华民族"的概念，呼吁为包括中国各民族在内的中华民族而救亡图存。辛亥革命提出"五族共和"，为现代民族国家意义上的"中华民族"内涵的发展做出了重要贡献。"中华民国的成立，表明中国的主权属于中国各族人民。'中华民族'一词的内涵也得到扩展，由此前的汉族，扩展为包含中国所有的各民族人口。"[1]新中国成立后，中国共产党领导各族人民走上了社会主义的道路，继往开来，正在共同致力于中华民族的伟大复兴事业。中国共产党以马克思列宁主义为指导思想，结合中国历史文化发展与国情，提出了科学、现代的民族观，其核心任务与目标在于"实现各民族一律平等，促进各民族共同繁荣发展"。①

---

① 习近平.在全国民族团结进步表彰大会上的讲话［N］.人民日报，2019-09-27.

围绕西方"民族国家"理论学说,学者们对"中华民族"的概念、"中华民族"属于实体还是建构的产物这些问题提出不同的看法。从西方人类学理论来看,学者们对于族群的产生形成了"原生论/本质论""工具论/建构论"与"族群边界论"的分歧。应当说,对于"中华民族"的名实之争属于对民族/族群的合理的学术探究。

实际上,"中华民族作为一个自觉的民族实体,是近百年来中国和西方列强对抗中出现的,但作为一个自在的民族实体则是几千年的历史过程所形成的。中华民族的主流是由许许多多分散孤立存在的民族单位,经过接触、混杂、联结和融合,同时也有分裂和消亡,形成一个你来我去、我来你去,我中有你、你中有我,而又各具个性的多元统一体"。[4]"中华民族"的提出符合中国各民族的历史发展与中国实际情况。因此,"中华民族"是一个基于各民族实体在历史上互动过程中形成的多元统一体,并不是如西方学者所说的"想象的共同体"。[5]

就今日"中华民族共同体"的内涵而言,它包括中国境内和海外中国公民在内的各民族实体,以及这些民族实体对"中华民族共同体"的国家认同和文化认同。

首先,中华民族是包含中国各民族在内的国民共同体。针对顾颉刚先生对中华民族的思考,费孝通先生曾提出他的疑问:"先生所谓'民族'和通常所谓'国家'相当,先生所谓'种族'和通常所谓'民族'相当。可是我们觉得在名词上争执是没有意思的,既然'民族'等字有不同的用法,我们不妨在讨论时直接用'政治团体''言语团体''文化团体'甚至'体质团体'。"[6]费孝通先生对于中华民族这一概念与内涵的早期理解,更多的是受其人类学学术训练的影响,与顾颉刚先生所不同,费孝通先生看到的是西方的"民族"等同于民族国家,而我国的"民族"更符合"族群"的概念。从这个意义上讲,一方面,中华民族是在近现代因反对共同的敌人——帝国主义,而建立起的有着共同利益的政治共同体;另一方面,中华民族共同体也是伴随着中国现代民族国家建立过程自然而然所形成的。

因此,今天的中华民族共同体应当包括中国境内56个民族和未识别民族成分的拥有中国国籍的全体中国公民。中华民族不仅包括56个民族,还包括2010年第六次人口普查确认的未识别民族成分人口65万;不仅包括大陆范围的中国公民,也包括港澳台同胞、侨居国外的具有中国国籍的华侨,因而,中华民族应该是包括今天56个民族在内的生活在中华大地上所有民族及其在外华侨的统称。作为国民共同体,构建中华民族共同体认同首先是构建中国公民的认同,无论是汉族还是少数民族,无论是在国内还是在国外,只要拥有中国国籍,都是中华民族共同体的一员,中华民族共同体认同是全体中国人享有中国公民权利、履行中国公民义务的认同。这在本质上,也是属于对中国的国家认同。

其次,中华民族共同体是以中华文化为核心、以各民族文化为组成部分的多层次文化共同体。费孝通先生认为："中华民族这个词用来指现在中国疆域里具有民族认同的十亿人民。它所包括的五十多个民族单元是多元，中华民族是一体。它们虽则都称'民族'，但层次不同。"[4]中华文化是中国历史上各民族共同创造的文化传统。因此，有学者提出："不论是历史学家，还是民族学家，乃至一般的人类学家，似乎都没有真正注意到费孝通的《中华民族的多元一体格局》这篇论文题目中'格局'两个字其真正的含义所在，有人可能极为简单化地会将之理解为一种共时性的'结构'，这显然是错误的。其含义应该是一种整体里容括多元的文化模式。"[7]中华文化包括三部分内容。第一，中华文化的内核是各民族从其传统文化中总结出的共同价值。表现为尊重各民族文化的多元与差异，承认各民族文化的价值，注重各民族之间的团结。特别是各民族在中国历史发展过程中形成爱国主义的优良传统，秉持勤劳勇敢、自强不息的价值观。第二，在汉语基础上形成的普通话，成为国家的通用语言，成为沟通与团结各民族人口的重要纽带。第三，广袤的中华大地为各民族人口丰富的地域文化奠定了基础，形成了各地区民俗、各民族节庆等文化习俗，并且多种地域文化间的交流、交融与共享为中华文化的繁荣做出了巨大贡献。因此，在结构上，中华民族共同体是"多元一体"的。"多元一体是对中国民族认同特点的状述。它反映出中国人对'民族'一词的理解，表明中国人的群体认同是个包容很大的概念，它向上可以达于全球各地的华人，向下可以及于亲属邻里群体。"[8]

中华民族共同体的核心是中华文化的"多元一体"。"多元"是指各民族各地区的文化多样性；"一体"是指在中国历史进程中，各民族、各地区的文化不断互动、整合成为一个独特的文化共同体。因此，中华民族共同体具有层次性，"多元一体格局中，56个民族是基层，中华民族是高层。"[9]因此，中华民族共同体的外延与内涵，既是指全体中国人在内的实体共同体，也是指各民族、各地区文化互动的文化共同体。

二、新时代铸牢"中华民族共同体意识"的路径

费孝通先生的"中华民族多元一体格局理论""美美与共""文化自觉""民族走廊"等民族研究思想对我们当下铸牢中华民族共同体意识有着重要的启示。总结并梳理费孝通先生民族研究思想中，我们可以得知，新时代铸牢"中华民族共同体"意识的核心在于培育并加强中国各民族对"中华民族共同体"的认同意识，重点在于推动各民族的文化互动、文化转型及走廊民族共同体的发展，关键在于，加快各民族社会现代化发展的同时，兼顾民族社会的多元现代性。

（一）培育并加强全国人民对中华民族共同体的认同意识

"中华民族的产生是一个从自在走向自觉的过程，是休戚与共的政治共同体。"[4]尤其是面对今日波诡云谲的国际形势，以美国为首的西方国家对中国的围追堵截，使得今天铸牢中华民族共同体意识的重要性日益凸显。概言之，对中华民族共同体的认同包含对中国的国家认同、政治认同和对包含中国各民族文化在内的中华民族文化的认同。在现代社会，一国公民对本国的国家认同，既是公民的基本义务，也是公民维护自身生命财产安全的常道。对中华民族共同体的国家认同，包含了对中国历史、中国国家疆域、中国各民族文化、中国政府以及国家标识（如国旗、国徽）的承认与尊重。随着全球化时代的到来，人、物、思想观念的流动日益频繁，如何在保持包容、开放的同时，增强中华民族对自身民族历史与文化的认同尤为重要。首先，学习与了解中国各民族的优秀文化形成与发展史是前提条件。其次，重视各民族成员之间的文化互动，重视中华民族与世界民族的文化互动，学习、了解他者的文化，做到知己知彼，方能为互相尊重奠定基础。

必须要强调的是，中华民族共同体包含中国境内各个民族与中国境外的侨胞。为此，必须以法律手段，切实保护各民族在交往、互动过程中的尊重与平等。新时代是一个网络信息时代，网络给人们的互动与交流带来极大便利，同时，网络也为培育中华民族共同体认同意识带来一些危害。网络上歧视与贬低民族历史、文化及宗教信仰的言论，已经严重危害到中华民族共同体认同意识的培育，对此，网络监管势在必行。

学校教育理应成为塑造中华民族共同体意识的途径。教育是传承民族文化的重要载体，人类学的研究表明，文化深刻影响着民族的精神气质。新时代，要在学校教育中开设中华民族共同体认同相关课程，在对学生教授中华传统文化的同时，开设少数民族历史文化课程与讲座，促进各民族之间文化的交流与互动，从而促进民族团结。特别是在民族地区高校中，应当面向全校学生开设各民族历史文化讲座的必修课，增进各民族文化之间的学习与了解。

（二）推动民族间的文化互动与民族文化转型

人类学研究表明民族之间发生文化涵化的前提是文化的互动。费孝通先生认为，"中华民族的主流是由许许多多分散孤立存在的民族单位，经过接触、混杂、联结和融合，同时也有分裂和消亡，形成一个你来我去、我来你去，我中有你、你中有我，而又各具个性的多元统一体"。[4]费孝通先生的"中华民族多元一体格局"学说，注意到了在同意政治团体之下，各民族之间由于事实上存在的文化差异而导致的"多元"格局。而这一"多元"并不妨碍"一体"的建构和形成，相反费孝通将其比喻为"百花争艳的大园圃"，这为我们在实现"一体"的格局下，如何理解和发展"多元"的可能性提供了思考。

另外，面对今日全球化的浪潮，中国的民族文化何去何从，对此，费孝通先生提出"文化自觉"学说，笔者认为费孝通先生的这一学说对各民族文化的发展和未来走向具有高屋建瓴的指导意义。费孝通先生认为，"文化自觉是指生活在一定文化中的人对其文化有'自知之明'，明白它的来历及形成过程，所具有的特色和它的发展趋向，……自知之明是为了加强文化转型的自主能力，取得决定并适应新环境、新时代文化选择的自主地位。文化自觉是一个艰巨的过程，只有在认识自己的文化、理解所接触到的多种文化的基础上，才有条件在这个正在形成中的多元文化的世界里确定自己的位置，然后经过自主的适应，和其他文化一起，取长补短，共同建立一个共同认可的基本秩序和一套各种文化都能和平共处、各抒所长、联手发展的共处守则"。[10]"只有通过文化间的对话，在了解自己文化的基础上进行人类学的跨文化比较，才能获得一种高度的文化自觉，消除文化之间的误解和偏见，达到'美美与共'的文化宽容境界，为 21 世纪人类的和平共处作人文价值观的铺垫"。[11]不同文化间的交流与互动，是促进人与人之间、民族之间互相了解、尊重与团结的前提，也是在比较中认识到自身民族文化的位置，从而引领民族文化转型与发展的基础。面对今日全球化的冲击以及国内各民族在文化传承与发展上的差距，文化自觉下的文化转型是民族文化发展与传承的重要方式，也是推动民族文化交流、交融与共享，铸牢中华民族共同体意识的重要途径。

区域间的民族联系往往更为紧密，更容易形成共同体的意识。费孝通先生提出，中华民族聚居地区是由六大板块和三大走廊构成的格局，其中六大板块是指北部草原区、东北高山森林区、青藏高原、云贵高原、沿海区、中原区；三大走廊是指西北民族走廊、藏彝走廊、南岭走廊，板块是以走廊相联结的。[12]各走廊内部的民族在经济、文化、社会领域有着广泛的交流、借鉴与共享。费孝通先生对民族走廊的论述，对于我们认识区域间的民族关系，推动区域间的民族互动有着重要指导意义。今日的都市圈、城市群建设正是考虑了相同区域内部城市间经济和文化的共性而提出的很好的构想。同样，一带一路倡议对我国不同区域的定位和功能布局，也是基于区域间经济、社会、文化联系紧密的考虑。因此，发展区域间的民族关系是铸牢中华民族共同体意识的重要抓手。

（三）加快民族社会现代化建设并兼顾民族社会多元现代性

中国共产党自成立之初，就以"实现各民族一律平等与共同繁荣"为己任，并科学地制定与实施了一系列民族政策，如"民族区域自治政策"。这不仅赢得了广大少数民族的认可与支持，也为中国的民族团结与经济社会发展做出了重大贡献。民族识别以前，我国各民族的经济社会发展事实上处于全面落后的局面，民族识别和民族社会社会主义改造，使得各民族在政治身份上平等，加快各民族的现代化建设进程。费孝通先生提出，"一个社会越是赋予，这个社会里的成员发展其个性的机会也越多。相反，一个社会越是贫困，其成员可以选择的生存方式也越有限。如果这个规律同样可以用到民族领域的话，经济越发展，也是越是现代化，各民族间凭自己的优势去发展民族特点的机会也越大"。[4] 费孝通先生结合世界发展大势，指出民族发展的道路，现代化是民族社会发展的必由之路。中国各民族的现代化发展，脱贫攻坚、民族区域自治等一系列经济社会发展政策，为铸牢中华民族共同体提供了物质保障。

另外，中国历史的发展经验表明，"不患寡而患不均"，区域之间、民族之间的均衡发展是社会良性运转的重要保证。习近平总书记在党的十九大报告中指出"中国特色社会主义进入新时代，我国社会主要矛盾已经转化为人民日益增长的美好生活需要和不平衡不充分的发展之间的矛盾"。因此，促进各民族在政治、经济、社会与文化方面的全面协调发展。这是促进各民族平等的必然措施，也是构建中华民族共体的关键所在。特别是随着市场经济的发展，一方面，不同区域之间、不同民族之间的经济互动与联系日益密切；另一方面，东部与西部之间、各民族之间的经济社会发展差距日益拉大。

然而，各民族间存在自然、社会条件上的差异性，走向现代化的道路必定有所不同。"搞现代化，要有知识，知识要有一个媒介，要通过文字，以汉语为通用语言有利于缩小差距，共同发展，少数民族和汉族就像十指一样是离不开的。离不开，并不是同化，各族还得有个性的发展自由，各个民族有它的特点。"[12] "在中国不同的地区有不同的发展道路，这些道路的不同是因为传统和区域的不同，而且这些不同与差异是在动态中长期存在的，并不是简单的'现代发明'。"[13] 可以说，费孝通先生注意到了中国各民族在现代化进程中的"多元"和"一体"的关系，各民族在走向现代化的过程中，不必按照统一的标准而进行，但必须根据民族地区的特点，特别是自然和社会文化条件的差异，而采取多元化的发展道路。

基于中国各民族的现实情况，多元现代化是中国各民族现代化发展的现实考量，也是促进中华民族发展、铸牢中华民族共同体意识的重要途径。

三、结　语

中华民族共同体就是一个包含中国境内所有民族及侨居海外中国公民在内的国民共同体。新时代铸牢"中华民族共同体"意识的核心在于培育并加强中国各民族对"中华民族共同体"的认同意识，重点在于推动民族间的文化互动及民族文化转型，关键在于加快各民族社会的现代化建设。

回顾费孝通先生的一生，可以说费孝通先生为探索中国社会的进步、中国人民的富强、中国各民族的发展、中华民族的复兴等事业"鞠躬尽瘁，死而后已"。时至今日，他的学术思想和理论学说对现实工作仍然有着重要的启示作用和指导意义。特别是在当下中国进入新时代发展阶段，面对国际复杂形势，中华民族共同体建设意义重大。费孝通先生在民族研究领域的相关论述，特别是其"中华民族多元一体格局""文化自觉""民族走廊"的理论学说对于我们今日研究中华民族共同体以及民族社会发展具有重要指导意义，值得后人深入思考、验证和发展。

参考文献

［1］金炳镐，裴圣愚，肖锐.中华民族："民族复合体"还是"民族实体"？——中国民族理论前沿研究系列论文之一［J］.黑龙江民族丛刊，2012（1）：1-13.

［2］郝时远.中文"民族"一词源流考辨［J］.民族研究，2004（06）：60-69+109.

［3］郝时远.中华民族：从中央民族工作会议的论述展开［J］.黑龙江民族丛刊，2016（01）：1-12.

［4］费孝通.中华民族的多元一体格局［J］.北京大学学报（哲学社会科学版），1989（04）：3-21.

［5］［美］安德森·本尼迪克特.想象的共同体——民族主义的起源与散布［M］.吴叡人，译.上海：上海人民出版社，2003.

［6］费孝通.关于民族问题的讨论.马戎主编."中华民族是一个"——围绕1939年这一议题的大讨论［C］.北京：社会科学文献出版社，2016：64.

［7］赵旭东.一体多元的族群关系论要——基于费孝通"中华民族多元一体格局"构想的再思考［J］.社会科学，2012（04）：51-62.

［8］费孝通.与时俱进 继往开来——写在《民族团结》更名为《中国民族之际》［J］.中国民族，2001（01）：1.

［9］费孝通.简述我的民族研究经历和思考［J］.北京大学学报（哲学社会科学版），1997（02）：5-13+159.

［10］费孝通.文化与文化自觉［M］.北京：群言出版社，2016.

［11］费孝通.反思·对话·文化自觉［J］.北京大学学报（哲学社会科学版），1997（03）：15-22+158.

［12］费孝通.谈深入开展民族调查问题［J］.中南民族学院学报，1982（03）：2-6.

［13］费孝通.行行重行行［M］.银川：宁夏人民出版社，1993.

论法律信仰与铸牢中华民族共同体意识的关系

黄 涛*

摘 要：法律信仰的养成对于铸牢中华民族共同体意识起着至关重要的作用。它不仅契合社会主义政治文明的基本价值取向，而且在当前全面建设社会主义法治国家的背景下，对于铸牢中华民族共同体意识发挥着法治保障的重要作用。将法律信仰融入铸牢中华民族共同体意识的过程，是当前全面贯彻党的民族政策，深化民族团结进步教育与实现中华民族伟大复兴的时代命题之一。在面临诸如来自民族习惯法的弊端、极端宗教思想、国内恐怖主义与西方外来文化等种种困难的情况下，法律信仰只有从法律、技术及宣教等维度切入，才能真正为铸牢中华民族共同体意识发挥出应有作用。

关键词：中华民族共同体意识；法律信仰；政治文明；民族区域自治

党的十九大报告强调，要"全面贯彻党的民族政策，深化民族团结进步教育，铸牢中华民族共同体意识，加强各民族交往交流交融，促进各民族像石榴籽一样紧紧抱在一起，共同团结奋斗、共同繁荣发展"。这不仅明确了民族工作的新内涵和新使命，而且指明了今后民族工作的努力方向。中华民族共同体意识的本质是各民族成员对"中华民族"这一共有身份的认同意识。[1]铸牢中华民族共同体意识的前提条件与重要基础是民族团结与社会和谐，而维护民族团结与社会和谐的最佳途径就是法治，法治不仅是构建社会主义法治国家的应有之义，而且还是政治文明的核心内容。作为法治构成要素之一的法律信仰，则是法治的灵魂，是衡量一个国家政治文明程度、法治实现进程的重要标志。[2]它不但契合社会主义政治文明的基本价值取向，而且在当前全面建设社会主义法治国家社会背景下，对于铸牢中华民族共同体意识发挥着重要的法治保障作用。在这个意义上说，坚定的法律信仰对于铸牢中华民族共同体意识发挥着至关重要的作用，只有在每一

*黄涛（1977— ），男，汉族，中共党员，青海民族大学副教授，诉讼法学博士，主要从事刑事法学与法理学研究。

个公民中都树立起对法律的信仰，使其能够自觉遵守法律，才能铸牢中华民共同体意识，才能使得各族人民团结奋进，共同繁荣发展。因此，深入探讨如何将法律信仰融入中华民族共同体意识铸牢的过程中，是当前全面贯彻党的民族政策，深化民族团结进步教育与实现中华民族伟大复兴的时代命题之一。

一、法律信仰对于铸牢中华民族共同体意识的重要意义

法律信仰是人们在内心深处对法律的一种情感。这种情感包括认同、信服、尊崇、敬畏等因素，体现的是对法律自觉自愿的忠诚和尊重，法治的内在需求中就更加强调对社会公众法律信仰的培养。具体来看，法律信仰应主要有四个维度：一是认同法治社会是社会治理的一种理想目标，愿意在这个理想目标的引领下，为之努力奋斗；二是信服法治是现代社会最适宜的治理方式；三是尊崇宪法法律在一个社会中的至上权威和地位，头脑中有宪法法律至上理念；四是敬畏法律规则，严格遵守法律规定，自觉服从法律判决。[3] 就铸牢中华民族共同体意识而言，法律信仰的理想状态就是全体中华儿女对于中国共产党领导中华民族实现伟大复兴的中国梦的心理认同，对于《中华人民共和国宪法》（以下简称《宪法》）、《中华人民共和国民族区域自治法》（以下简称《民族区域自治法》）和其他相关法律的心理认同，以及对于民族区域自治制度与民族区域自治政策的心理认同。因此，法律信仰对于铸牢中华民族共同体意识具有重要的意义。具体体现如下。

（一）强化了铸牢中华民族共同体意识的制度根基

法律信仰是一种内在的心理信念，对于政治文明建设和国家稳定有序现状的维护与实现起着决定性的作用，对于党和国家事务的全面领导起着保障作用。就铸牢中华民族共同体意识而言，法律信仰有利于强化中国共产党在民族工作中的领导地位与民族区域自治制度的心理认同。事实证明，只有在中国共产党的领导下，才能实现中华民族的统一团结，才能实现中华民族的伟大复兴，而中国共产党在凝聚中华民族意志、领导各民族共同团结奋斗方面的国家制度和国家治理体系的显著优势之一就是民族区域自治制度，民族区域自治制度是我国的一项基本政治制度，是统一和自治的有机结合，是民族因素和区域因素的有机结合。[4] 民族区域自治制度是中国共产党创造性地将马克思主义民族理论同中国民族问题具体实际相结合的智慧结晶，是一项富有中国特色的解决民族问题的正确制度。它彰显了所有民族自治地方都是中国共产党领导下的中华人民共和国的组成部分，作为中华民族大家庭的各民族的法律地位一律平等。换言之，民族区域自治不是某个

民族独享的自治，民族自治地方更不是某个民族独有的地方。[1]这就是民族区域制度的原则所在。法律信仰的养成，有利于强化全国各族人民对民族区域自治制度的法律认同，进一步巩固民族区域自治制度的法理基础与增强中国共产党在民族地区的执政能力，从而使全国各族人民更加拥护中国共产党对于民族工作的全面领导。

（二）孕育着铸牢中华民族共同体意识的价值内涵

铸牢中华民族共同体意识这一历史性命题的社会基础是社会主义法治社会，而法律信仰的养成正是建设社会主义法治社会的应有之义。建设社会主义法治社会为铸牢中华民族共同体意识提供了某种价值取向和道德规约，包括法治理念在内的社会主义核心价值观既是当今建设中华民族大家庭在精神层面的结晶，也是维系中华文明世代传承的精神内核。社会主义法治精神作为中华民族共同体意识的主流价值观念的组成部分，既是对中华民族传统文化本质要求的高度体现，同时又是中国共产党依法治国理政观念的集中凝练。社会主义法治精神的客观属性是由社会主义法治的本质属性决定的。人民当家作主是社会主义的本质特征和内在要求。社会主义法治的核心在于人民民主，保障人民群众在经济、政治、文化、社会等各方面的权益。[5]换言之，社会主义法治重在保障包括各民族人民在内的全体中国人民在经济、政治、文化、社会等各方面共同享有随着中华民族伟大复兴而带来的种种红利，平等享有因中华民族共同进步而获得的各种权益。而社会主义法治精神的价值内涵与法律信仰的养成息息相关。在这个意义上说，法律信仰的养成孕育着中华民族共同体意识的价值内涵。

（三）提供了铸牢中华民族共同体意识的法律文化素养

作为中华法律文化的组成部分，各民族人民在长期的生产生活过程中共同创造、继承和发展了各自悠久灿烂的民族法律文化，这是铸牢中华民族共同体意识的价值意蕴与文明内涵。以弘扬社会主义法律文化价值观为取向的法律信仰则满足了民族地区法律文化的改良需求。民族法律文化是各民族人民共同创造、继承和发展起来的生产方式和生活方式的组成部分，是各民族社会中，人们对各种法律制度、法律规范、法律机构、法律设施，以及立法与执法、合法与非法等各种法律现象的认识、了解、看法、态度、价值观念、信仰、期望而形成的有关法律意识、法律思想、法律传统等方面的综合体。[6]由于历史与区位等种种原因，各民族的传统法律文化在铸牢中华民族共同体意识过程中不仅存在，而且发挥着极为重要的作用。不过，由于地域原因、经济发展程度及教育水平等原因，各民族的传统法律文化本身存在的缺陷和弊端不可避免地成为铸牢中华民族共同体意识的现实障碍。法治正是实现公平、正义的有效方式，从宏观上实现对社会文化资源的公平分配，从而为塑造价值层面的社会理念文明与实践层面的社会制度文明奠定了基础。反过来，先进的社会理念文明与社会制度文明在尊重少数民族的风俗习惯和宗教信仰的前提下对传统民族法律文化进行了某种程度的改良，从而为铸牢中华民族共同体意识提供了法律文化素养。因此，法律信仰的养成满足了民族法律文化的改良需求。

二、当前影响铸牢中华民族共同体意识的制约因素

（一）地区经济滞后因素的影响

地区经济的发展在一定程度上阻碍着地区法治建设前进的步伐，发展经济是西部地区基层法治建设的根本。国家支持地区经济快速发展一系列惠农政策的落实，使得基层群众生活有了质的飞跃，但是，这仅仅是基本满足人民群众对物质需求的追求，法律信仰的养成必须依靠全面实现法治化途径来实现。经济发展影响人民群众的获得感，法治发展影响人民群众的安全感。显而易见，地区经济的滞后发展因素严重影响着国家法制的统一与制定法的权威和尊严，从而也在更深层次上妨碍着铸牢中华民族共同体意识。

（二）民族习惯法弊端的影响

中国是一个多民族的国家，虽然我国政府制定了《民族区域自治法》，但是这部法律主要是做出了一些原则性规定，有些具体问题还需借助于民族习惯法。民族习惯法是我国习惯法的重要组成部分。它是独立于国家制定法之外，依据少数民族或民族地区的社会组织的权威而俗成（自然形成）或约定的，主要是调整该少数民族内部社会关系，具有强制性和习惯性的行为规则的总和。[7] 由于民族地区民族族别数量相对较多，民族聚居和杂居情况较为普遍，各民族在长期的生产生活中为了适应与其他民族交往的需要，往往在保留本民族习惯法传统的同时，又做了一定程度的变通和融合。这使得民族习惯法呈现出明显的复杂化、地域性和交融性的特征。民族习惯法在立法、司法、执法和守法等方面发挥着重要积极的作用，但是不可否认，民族习惯法中也含非良性因素，有落后的一面：一是有的与现行制定法有冲突；二是习惯法中有某些不科学的内容。三是习惯法中有些陋规不利于生产和生态保护。[7] 显而易见，民族习惯法中的非良性因素严重影响着国家法制的统一与制定法的权威和尊严，从而在一定程度上妨碍着铸牢中华民

族共同体意识。

（三）极端宗教思想的蛊惑

铸牢中华民族共同体意识面临的另一个制约因素就是极端宗教思想的蛊惑。宗教极端思想是以"宗教"之名传播"极端思想"并以宗教活动为理由的宗教极端主义。它在本质上并不是宗教；它煽动追随者听命于宗教极端思想的倡导者、鼓吹者、组织者，不择手段地从事有组织的罪恶活动，甚至通过暴力恐怖活动制造社会动乱，从而破坏民族团结、宗教和睦、祖国统一、社会稳定。[8]正因为如此，西方敌对势力扬言，"在宣传上花一个美金，等于在国防上花五个美金"，"播下思想的种子，就会绽成和平演变的花蕾"。他们大肆散布民族分裂思想，煽动宗教狂热和民族仇恨，利用极端宗教氛围拉开青少年教民与政府和汉族群众的距离，强化其民族意识和反汉排汉情绪，为他们分裂活动构建群众基础、培植新生力量。[9]由此可见，极端宗教思想危害之巨、流毒之深，严重阻碍着中华民族共同体意识的铸牢。

（四）国内恐怖主义的困扰

出于近代历史上帝国主义殖民扩张、对华奉行侵略政策以及国内战争等原因，过去一个时期在国内主要存在着多种对我国国家安全与民族团结构成现实威胁的恐怖势力。这些恐怖势力甘愿充当国外反华势力攻击中国政府以及中国社会主义制度的"急先锋"与"马前卒"，到处传播歪理谬论，在破坏国家统一与民族团结等事务方面不遗余力。特别要指出的是，长期以来，以暴力恐怖势力、民族分裂势力和宗教极端势力为代表的"三股势力"通过实施各种形式的恐怖主义犯罪活动，对我国国家主权、领土完整、民族团结与社会稳定构成严重威胁。另外，它们还打着非政府组织旗号，以国际非政府组织为掩护，以推动"自由""民主""人权""环保""民族自决"等西方"普世价值"自我标榜，从事策动和支持分裂国家的罪恶行径。[10]这些势力通过各种形式的舆论宣传、思想鼓动、暴力恐怖以及其他毁灭性手段，意图制造思想混乱、社会恐慌，以期达到推翻民族区域自治制度，分裂国家以及破坏民族团结的不可告人目的。这不但严重影响着人民群众维护国家统一与民族团结的社会氛围，而且严重阻碍着中华民族共同体意识的铸牢。

（五）西方外来文化的渗透

当代世界正处在大发展大变革大调整的时期。一方面，各种价值观念和社会思潮纷繁复杂，思想意识领域呈现多元、多样、多变的新特点；另一方面，在世界范围的思想文化交流、交融、交锋的形势下，价值观的较量呈现出更加复杂的态势，一些西方势力更是趁此时机竭力宣传和推销它们标榜为"普世价值"的价值观，加紧对我国实施西化分化战略图谋[11]，尤其是随着信息社会时代的来临，对我国社会主义制度充满仇视的敌对势力除借助传统宣传途径外，还借助互联网等各种现代媒介手段（如新闻、论坛/BBS、博客、即时通信软件等）进行各种破坏我国国家统一与民族团结的反动宣传。西方国家对我国民族政策存在观念冲突甚至仇视的深层次原因是西方特殊的民族进程和历史结果，以及受特定政治力量的操控。西方国家对中国民族政策形成了与中国完全不同的镜像，中西知识体系的差异和民族建构理念上的分歧使得西方国家对中国民族命运共同体理论存在认知上的错误以及观念上的偏差。[10]这在一定程度上严重阻碍着中华民族共同体意识的形成与巩固，严重影响着国家稳定与民族团结的大好局面。

三、培育全民法律信仰，铸牢中华民族共同体意识的具体路径

随着中国社会的深刻变革，我国现阶段呈现思想多样化、利益多元化、矛盾凸显化的特点。规范、整合这个社会的最为理性的力量就是宪法法律，不管经济收入多少、道德水准如何，也不管政治面貌、职业、性别、年龄，在宪法法律面前都是平等的，都必须一体遵守宪法法律。从一定意义上讲，法律是社会的最大凝聚力，培育法治信仰的过程，就是在不同的社会群体、不同的利益诉求、不同的价值取向和不同的意志主张中，寻求和扩大社会"最大公约数"的过程。[12]就铸牢中华民族共同体意识而言，法律信仰至少能够从经济、法律、技术与宣教等维度发挥出实际作用。

（一）经济维度

构造塑建共享发展的经济共同体，是增强中华民族共同体意识的物质基础。以共建推进共享，在经济高速发展的当今，民族地区必须要及时快速地转入到市场经济的现代化轨道中，才能逐步实现与全国经济同发展，才能与世界经济体制融为一体，只有这样才能为少数民族地区扶贫工作创造强有力的支撑力量。铸牢中华民族共同体意识是对基层人民长久树立的内容，也是中国持续发展的重要保障，只有基层经济建设有了坚实的基础，才能逐步消除一些不良因素，才能满足基层人民对国家法律的内在需求。如果经济利益因素得不到足够的重视，长期处于被忽视状态，中华民族共同体的"大厦"也将面临坍塌的风险，从而也会直接

影响到精神层面的认同与心理的归属。

（二）法律维度

培育全民法律信仰，铸牢中华民族共同体意识必须将依法治国的基本要求，即"科学立法、严格执法、公正司法、全民守法"十六字方针作为指导思想，坚决运用法律手段开展反分裂斗争，坚决防范和化解重大风险挑战，不断夯实少数民族地区长治久安的根基。这应从以下四个方面入手。

第一，制定并完善包括地方民族立法在内的相关法律法规。在借鉴相关国家与地区成熟经验的基础上，我国立法机关应根据我国民族地区的现实状况并在维护宪法权威和国家法制统一的前提下，秉持以人民为中心的立法思想、"立、改、废"的立法原则以及与时俱进的立法精神制定并完善相关法律法规。剔除在民族习惯法中与铸牢中华民族共同体意识相悖的糟粕因素，在兼顾和尊重当地少数民族自治权利以及民族社会优良法文化传统的基础上，根据宪法以及相关法律的规定，加强民族地区的政治、经济、文化、教育、医疗卫生、生态文明、文化遗产等方面的立法工作，为铸牢中华民族共同体意识提供法律依据。

第二，加强相关网络立法，为夺取网络空间主流话语权提供法律依据。互联网的出现，既为我国培育全民法律信仰，铸牢中华民族共同体意识提供便利的同时，也带来了西方资本主义负面价值观念入侵的风险。这使得中华民族共同体意识机制在巩固过程中面临着严峻的挑战。要根本性地解决这一难题，就应借鉴国外网络立法的有益经验，结合我国实际情况，加强网络立法的顶层设计，提升互联网法律位阶，加快制定网络方面的法律，实现互联网法治主要依靠网络基本法律支撑的结构性改变。就世界潮流而言，发达国家近年来确实出现了一波互联网立法的高潮，这一趋势还在进一步快速演进之中。[13] 互联网法律既可以是对培育全民法律信仰，铸牢中华民族共同体意识的一种法律确认，起到规范、保障作用，也可以为坚决禁止西方资本主义国家通过网络散布与铸牢中华民族共同体意识相关的负面舆情传播提供法律依据。

第三，加大依法打击"三股势力"所实施的恐怖主义犯罪的力度。有学者认为，在我国国内现存的所有类型的恐怖主义犯罪中①，对铸牢中华民族共同体意

---

① 根据恐怖主义犯罪所依据的思想基础，一般可分为民族极端型、宗教极端型、极左型与极右型。参见张志德：《试论新疆打击"三股势力"犯罪与国际反恐法律的对接问题》，载甘肃省法学会编.科学发展观与西部法治建设——第三届"中国·西部法治论坛"论文集［M］.兰州：甘肃人民出版社，2008：342.

识构成最大障碍的是民族型恐怖主义犯罪。① 虽然打击恐怖主义犯罪活动在本质上是一场政治斗争，但只有将政治斗争法律化，才能取得打击恐怖主义犯罪的最大成效。换言之，只有法律才是打击恐怖主义犯罪尤其是民族型恐怖主义犯罪的有力武器。因此，我国除充分利用国际反恐法律外，还应当积极运用《刑法》《反分裂国家法》等相关国内法律对恐怖主义犯罪进行打击。这既是处理恐怖主义犯罪问题的基础，也是维护民族地区安定团结、铸牢中华民族共同体意识的必要条件。

第四，推进民族地区司法能力建设。司法能力现代化是中国共产党执政能力现代化的重要指标之一，是民族地区公民权利的重要保证，更是铸牢中华民族共同体意识的基础与前提。司法工作在民族地区的各项工作中占据着极其重要的地位，推进民族地区的诉讼制度改革，实现民族地区的司法公正，是维护民族团结、促进民族融合、维护国家统一和构建和谐社会的必要条件与重要因素。铸牢中华民族共同体意识是一项具有丰富内涵的系统工程，除包括全体国民为铸牢中华民族共同体意识所进行的一系列法律实践活动外，还包括对社会主义法律文化的心理认同、对社会主义法律价值的心理认同以及对社会主义法律正义的殷切追求。在这个意义上说，司法能力现代化是顺利推行民族政策与开展民族工作的重要保证，更是铸牢中华民族共同体意识的基础与前提。推进民族地区基层司法能力建设，是进一步加强法律知识在基层的宣传，让人民群众在每一个司法案件中感受到公平正义，基层司法能力建设的提升需要不断地培养基层群众对法律的再认识，通过法制宣传，司法课堂下基层，司法工作人员继续培训等方式让其内化于心，从而培养基层群众对法律的信仰。通过基层司法行政执法能力的提升，让每一位公民更加懂法、知法、守法、用法，切实运用法律来保护自身合法财产以及人身安全。作为基层行政司法人员在执法中首先必须信仰法治，这种信仰自始至终都来源于执法者对法治发自内心的认同感和执法者一生的守护，也是执法者法治思维提升后随着法治意识自然而然产生的神圣情感。随着党的十八届四中全会全面依法治国的深入开展，法律也得以顺利实施，其根本原因在于基层群众从"内在方面"自觉遵守和接受了规则，这就是法律信仰的作用。法律信仰的形成使得每一位公民享有平等权利，依法维护各民族公民平等权利，不断增强中华民族共同体意识。

---

① 所谓民族型恐怖主义犯罪，就是指以民族主义为思想基础，采用暴力等手段打击无辜者以制造社会恐慌，以为实现民族独立、民族自治或取得政治优势目标服务的犯罪。参见罗开卷、李伟华.民族型恐怖主义犯罪防范浅议［J］.犯罪研究，2007（1）.

（三）技术维度

以互联网为载体的虚拟社会正在对现实人类生活发挥着越来越大的影响力和作用。人类社会由传统时代进入数字时代，信息传播也突破了时空限制。"大众传媒为意识形态的传播提供了最为有力的工具，使象征形式能够广泛地覆盖分散的、潜在的受众。"[14]网络舆情在当今信息社会发挥着越来越重要的宣传作用，无论是传播速度还是传播范围无不与现代科技息息相关。在西方敌对势力借助互联网在我国大肆从事西化、分化的意识形态渗透活动的情况下，借助互联网进行以铸牢中华民族共同体意识为主题的教育宣传的重要性日益突出，因此，在信息社会的宏观背景下，铸牢中华民族共同体意识必须着眼于网络技术层面的防控举措。具体措施如下。

第一，平台建设。政府相关部门应当围绕铸牢中华民族共同体意识这条主线全面推进综合信息平台建设，该平台融宣传平台与理论学习研究平台于一体，借此构建新媒体时代下中华民族共同体意识形态话语体系的坚实基础，使中华民族共同体意识形态话语体系真正发挥引领社会思潮、凝聚社会共识、铸牢中华民族共同体意识信仰的作用。宣传平台的主要作用是注重宣传与铸牢中华民族共同体意识相关的信息内容；理论学习研究平台主要侧重于为公众提供学习研究与铸牢中华民族共同体意识相关的理论成果。综合信息平台建设也是信息社会背景下突出中华民族共同体意识形态话语体系主流地位的重要技术保证，具有极为重要的意义。

第二，舆情监控。在有损铸牢中华民族共同体意识的网络舆情发生后，政府相关部门应在掌握相关信息的基础上，强化对相关网络舆情的实时监控，随时了解事态进展；政府相关部门和舆情监测部门应加强沟通交流，共同做好相关舆情处置工作。必要时，政府相关部门可以通过发布通报和相关评论文章的方式，针对相关网络言论主动澄清事实，以满足民众的信息需求，有效引导网络舆情，防止不实信息污染各民族同胞的健康思想，尽量降低各种不良和负面舆情对于铸牢中华民族共同体意识的消极影响。政府相关部门应安排专人负责每日动态监测网络舆情，全面收集相关的网络舆情。一旦发现网站或邮件信息表现出与此明显的舆论倾向时，舆情监测人员应全面了解舆情内容，包括舆情来源、网络发布媒介（新闻、论坛/BBS、博客、即时通信软件等）等相关信息，并将这些信息转交政府相关部门，由其具体负责舆情监控及引导等工作。

第三，新闻报道。政府相关部门在接受新闻媒体监督的同时，也应加强与相关新闻媒体的合作交流，通过新闻媒体正面宣传报道在铸牢中华民族共同体意识过程中做出贡献的先进人物与光荣事迹，在全社会范围内形成中华民族应紧密团结共同致力于实现中国梦的舆论氛围。通过新闻媒体的正面报道，使得中华民族共同体意识深植人心，使全国各族人民牢牢树立"中华民族多元一体格局"的观念，真正从思想根源上自觉地抵制西方敌对势力的反动宣传，以防止西方敌对势力企图分裂中国破坏民族团结的阴谋得逞。

（四）宣传维度

铸牢中华民族共同体意识离不开增强各少数民族对中华民族、中华文化、中国共产党的领导地位以及中国特色社会主义事业的认同，而这一切则取决于社会主义核心价值观的落实和践行，而树立各少数民族的法律信仰是其中的应有之义。只有制度层面的法律，而没有人们对其发自肺腑的信仰，这样的法律形同废纸，更谈不上任何法律权威。因此，铸牢中华民族共同体意识，加强民族地方立法固然重要，但更重要的是关于民族地方立法的法律信仰的树立，而这依赖于人们的自然习性、后天理性及科学的教育与宣传。加强民族团结，基础在于搞好民族团结进步法律宣传，建设各民族共有精神家园。换言之，加强包括法律在内等相关知识的教育与宣传，有利于使各民族从思想上树立中华民族共同体意识的合法性与合理性。

首先，组建各层级的专家学者智库。政府相关部门应以相关领域的专家学者、宗教人士、研究人员以及各民族爱国人士为骨干，大力推进各层级智库建设。智库的主要任务是为铸牢中华民族共同体意识献言献策，同时也是一支以铸牢中华民族共同体意识为使命的舆论宣传的主力军。通过各层级智库建设的组建，尽快在全社会范围内形成一支理论水平高、政治素质过硬并且以铸牢中华民族共同体意识为使命的专业队伍。

其次，深入推进各种形式的普法活动。民族地区各级组织应该深入学习习近平法治思想，全面贯彻习近平法治思想的实践要求，要学出内心的"信仰"，更加坚信中国特色社会主义法治道路。以各种形式深入开展《宪法》《刑法》《民族区域自治法》《反国家分裂法》和《国家安全法》等法律的教育与宣传，逐步提升民族地区群众的法律意识，强化其作为中华人民共和国公民的主体权利意识，从而进一步激发广大民族地区群众的遵纪守法与爱党爱国的热情，使其能够勇敢地运用法律武器与破坏国家统一和民族团结的各种势力进行斗争。例如，通过对《反分裂国家法》的教育与宣传，旨在积极鼓励少数民族地区的人们运用法律武器同破坏民族团结稳定的分裂国家行为做斗争。

最后，深入推进有关中华民族复兴史的教育宣传活动。以党史、新中国史、改革开放史、社会主义发展史等相关知识的教育与宣传为主线，深入开展民族地方和祖国关系史教育，引导各族群众树立正确的国家观、民族观与宗教观，从历史角度阐述铸牢中华民族共同体意识的历史必然性，使其更加坚信只有坚决服从中国共产党的领导，只有真正融入中华民族这个大家庭，才能真正实现中华民族的繁荣昌盛。总之，深入推进有关中华民族复兴史的教育宣传工作是全国各族人民从思想深处深刻认同中华民族共同体意识的必然选择，是铸牢中华民族共同体意识的根本途径，也是团结全国各族人民齐心协力建设社会主义强国与实现中华民族伟大复兴的本质要求。

四、总　结

法治作为全面依法治国的总目标下国家民族事务治理的基本方式，将铸牢民族共同体意识融入整个法治体系，对全面依法治国具有不可替代的重大现实意义。法律信仰是衡量一个国家法治化程度的思想文化基础和重要标志，是一个民族理想信念的核心。[15]因此，法律信仰的养成，有利于中华民族共同体意识的铸牢，而铸牢的中华民族共同体意识，反过来又会进一步促进增强全国各族人民对于包括法律文化在内的中华文化的认同感，凝合中华民族共同体意识构建的文化动力，从而以高度的文化自信、文化自觉和文化担当，推动中华民族走向包容性更强、凝聚力更大的命运共同体，万众一心、同舟共济，战胜前进道路上的一切风险挑战，把中华民族伟大复兴的中国梦变成美好现实。

参考文献

［1］艾北疆.铸牢中华民族共同体意识的三个维度［EB/OL］.https：//www.sohu.com/a/420382555_120311636，2020-09-23/2020-10-02.

［2］赵赟.论法律信仰与和谐社会［A］.甘肃省法学会.科学发展观与西部法治建设——第三届"中国·西部法治论坛"论文集［C］.兰州：甘肃人民出版社，2008：32.

［3］王晓光.培育人们的法律信仰［EB/OL］.http：//theory.people.com.cn/n1/2017/0116/c40531-29026216.html，2017-01-16/2020-10-02.

［4］张殿军.铸牢中华民族共同体意识的法治路径［EB/OL］.http：//www.cssn.cn/mzx/201805/t20180517_4255770.shtml，2018-05-17/2020-10-03.

［5］公丕祥.社会主义核心价值观研究丛书·法治篇［M］.南京：江苏人民出版社，2015：81.

［6］薛成有.青海民族法律文化现代化问题探析［A］.甘肃省法学会.科学发展观与西部法治

建设——第三届"中国·西部法治论坛"论文集［C］.兰州：甘肃人民出版社，2008：234.

［7］邹渊.习惯法与少数民族习惯法［J］.贵州民族研究（季刊），1997（4）：84-93.

［8］认清本质，远离极端［EB/OL］.https：//www.thepaper.cn/newsDetail_forward_8321737，2020-07-16/2020-10-04.

［9］宗教极端思想对新疆青少年的危害及对策建议［EB/OL］.http：//www.mswk.cn/Article/ShowArticle.asp?ArticleID=128313，2018-08-01/2020-10-06.

［10］李学保.涉藏、涉疆外交面临的困扰及化解之道［J］.中南民族大学学报（人文社会科学版），2019（1）：7-14.

［11］李捷.总序［A］.公丕祥.社会主义核心价值观研究丛书·法治篇［M］.南京：江苏人民出版社，2015：5.

［12］王晓光.培育人们的法律信仰［EB/OL］.http：//theory.people.com.cn/n1/2017/0116/c40531-29026216.html，2017-01-16/2020-10-07.

［13］赵志刚.网络犯罪的最新态势［A］.刘仁文.网络时代的刑法面孔［C］.北京：社会科学文献出版社，2017：19.

［14］［英］约翰·汤普森.意识形态与现代文化［M］.高钻，译.南京：译林出版社，2005：287.

［15］赵赟.论法律信仰与和谐社会［A］.甘肃省法学会.科学发展观与西部法治建设——第三届"中国·西部法治论坛"论文集［C］.兰州：甘肃人民出版社，2008：40.

基于民族团结进步教育
铸牢中华民族共同体意识的理论遵循

周少林 *

摘　要：新时代，以习近平同志为核心的党中央十分重视民族治理。习总书记提出了"全面贯彻党的民族政策，深化民族团结进步教育，铸牢中华民族共同体意识，加强各民族交往交流交融"等重大论断。民族团结进步教育与铸牢中华民族共同体意识存在天然的血脉联系，从民族观与铸牢中华民族共同体意识为着眼点，探讨中华"多元一体"文化浸润下的多元一体民族观和新形势下的中华民族共同体意识，提出基于民族团结进步教育铸牢中华民族共同体意识的理论遵循：（1）以文化认同为基点，不断增强"五个认同"；（2）以历史逻辑为理路，树立正确的民族观；（3）以社会核心价值观为引领，建设各民族共有精神家园；（4）以中华民族精神为核心，凝聚中国力量。

关键词：多元一体；民族团结；进步教育；铸牢；中华民族共同体意识

　　面对纷繁复杂多变的国内外形势，维护社会稳定、民族团结、宗教和顺、国家统一显得尤为重要。从长远发展来看，民族团结进步教育与铸牢中华民族共同体意识起着至关重要的作用，而这又和党的民族政策、民族理论紧密相关。新形势下，党的民族政策、民族理论逐渐丰富和完善。当前，习近平总书记在民族工作会上多次提出"民族团结进步教育""铸牢中华民族共同体意识"等重大论断。那么，这些重大论断究竟存在哪些逻辑，又该如何进行对其深入解读，成为新形势下贯彻落实党的民族政策与丰富完善民族理论的关键点。

一、研究缘起

　　党的十八大以来，以习近平同志为核心的党中央高度重视对民族关系的治理，

---

* 周少林（1994—　　），男，河南省洛阳市，汉，助教。研究方向：民族传统体育文化。

习近平总书记全面而深刻地对民族关系治理进行一系列重要论述，指出"要把民族团结进步事业作为基础性事业抓紧抓好"[1]。在党的十九大报告中，习近平总书记明确指出，全面贯彻党的民族政策，深化民族团结进步教育，铸牢中华民族共同体意识，加强各民族交往交流交融，促进各民族像石榴籽一样紧紧抱在一起，共同团结奋斗、共同繁荣发展[2]。这一重要论述不仅是对党的民族理论、民族政策的传承与延续，也是在新时代对党的民族理论、民族政策的创新与发展，更是党在新形势下维护社会稳定、民族团结、国家统一的必由之路。其中，深化民族团结进步教育与铸牢中华民族共同体意识存在一定的内生联系，而这种内生联系又为全面贯彻党的民族政策提供了一定的逻辑遵循，更为党在新形势下维护社会稳定、民族团结、国家统一贡献了一定的理路。因此，对民族团结进步教育与铸牢中华民族共同体意识进行研究，不仅在于厘清二者之间的相互关系，还有助于深入贯彻党的民族政策和培育更为广泛而深刻的中华民族共同体意识。

习近平总书记指出，加强中华民族大团结，长远和根本的是增强文化认同，建设各民族共有精神家园，积极培养中华民族共同体意识。文化认同是最深层次的认同，是民族团结之根、民族和睦之魂。文化认同问题解决了，对伟大祖国、对中华民族、对中华文化、对中国共产党、对中国特色社会主义道路的认同才能巩固[3]。以此而论，民族团结进步教育与铸牢中华民族共同体意识的根本在于增强各族人民群众对文化的认同，而这种文化正是传承和发展了千余年的中华优秀传统文化，无疑，这种文化认同是增进"五个认同"的关键一步和重要一环，更是贯彻和落实民族政策、丰富和发展民族理论的根本遵循。国家民委等四部门对进一步做好民族团结进步教育做出指示：……坚持以社会主义核心价值观为引领，在各级群团组织中深入开展革命历史教育、中国特色社会主义和中华民族伟大复兴的中国梦宣传教育，引导各族群众树立正确的国家观、民族观、宗教观、历史观、文化观，不断增强"五个认同"，铸牢中华民族共同体意识[4]。民族团结进步教育工作在于使各族群众形成一种本民族是中华民族大家庭的一员，不应该有大汉族主义和地方民族主义等狭隘的民族主义观，这样既不利于本民族的发展，也不利于中华民族的团结进步。因此，通过民族团结进步教育与铸牢中华民族共同体意识，来不断加强各族群众对文化的深层次认同，使各族群众树立正确的国家观、民族观、宗教观、历史观、文化观，逐渐形成一种对伟大祖国、对中华民族、对中华文化、对中国共产党、对中国特色社会主义道路的认同，这一重要指示实际上为民族团结进步教育工作和铸牢中华民族共同体意识指明了方向和道路，为进一步贯彻和落实党的民族政策和丰富民族理论提供了方法理论遵循。

二、民族观与铸牢中华民族共同体意识

习近平总书记曾反复强调"民族团结是各族人民的生命线"。"新时代民族团结进步创建工作要秉持'重在平时、重在交心、重在行动、重在基层'的理念，按照人文化、实体化、大众化总要求，全面深入持久开展民族团结进步创建工作"[5]。从民族团结到民族团结进步的语言表述来看，民族团结居于核心位置，前者在于强调各民族之间是一种团结的关系状态，后者则在民族团结的基础之上突出强调"进步"，而这种"进步"正是通向"守望相助""各民族共同繁荣发展""中华民族一家亲、同心共筑中国梦"民族团结进步教育的关键一步，更是铸牢中华民族共同体意识的关键一招。

（一）中华"多元一体"文化浸润下的多元一体民族观

中国是统一的多民族国家，在长期的历史演进与文化浸润下，逐渐形成了大散居、小聚居、交错杂居的少数民族分布特点。20世纪80年代费孝通先生曾提出中华民族"多元一体"的民族格局理论，这一理论得到全社会的普遍认可。文化就其本质来说，是同各民族的精神本性和历史传统紧密相连的，其中包括各民族的思想、文字、思维方式、伦理道德、风俗习惯、心理素质、行为方式等[6]。各民族由于社会生产生活方式的不同，形成了具有各自的民族风格与民族特点，这些均是各自民族文化的表征，也因此塑造了民族文化的多元特征。民族文化的多元特征并不能意味着多元文化内部之间是一种相互对立的状态，恰恰相反，正是因为多元文化之间是一种相互包容、相互尊重的存在，才使得多元文化共存共生，并最终形成民族文化的多元特征。实际上，各民族文化多元特征的形成，是中华优秀传统文化中的"和合"思想的影响与作用，正是有了"和合"思想的存在，中华优秀传统文化中巨大的包容性得以彰显，并且使得各种外来输入文化能够并存并立并生。

在民族各异的多元文化背景下，必定有一种作为"主体"文化而存在，这种"主体"文化在某种程度上讲，就是以"儒释道"为主的汉文化。而在经过多民族文化的交互融合之后，这种"主体"文化被逐渐重构或重塑，最终形成了具有各族文化特性的"中华文化"，而这种"中华文化"正是多元文化的一体。对于中华文化多元一体的正确理解与把握，是深入认清中华民族多元一体民族格局的基础。

习近平总书记指出，中华民族多元一体是先人们留给我们的丰厚遗产，也是我国发展的巨大优势。我们辽阔的疆域是各民族共同开拓的、我们悠久的历史是

各民族共同书写的、我们灿烂的文化是各民族共同创造的、我们伟大的精神是各民族共同培育的[7]。经过长期的历史发展，中华民族多元一体的民族格局与民族观已经受到全国各族人民群众的广泛认同，而这种认同正是来源于各族群众在长期的社会实践中逐渐形成的"谁也离不开谁"。"谁也离不开谁"的思想是中国处理民族关系的重要思想和原则，由最初80年代的"两个离不开"即"汉族和少数民族谁也离不开谁"，发展为90年代的"三个离不开"即"汉族离不开少数民族，少数民族离不开汉族，少数民族之间也相互离不开"[8]。"三个离不开"不仅论述了汉族和少数民族之间相互关系，同时也阐述了少数民族之间的相互关系，这将在最大范围内动员全国各族人民群众，为建设富强、民主、文明、和谐、美丽的社会主义现代化国家贡献力量。因此，在某种意义上讲，"三个离不开"是中华民族多元一体民族格局的重要实践理路。

在中华"多元一体"文化的浸润下，中华民族多元一体的民族观不断得到巩固与发展。换句话讲，民族团结在于坚持"多元"的同时，必须要强化各族人民群众的"一体"意识与观念，只有做到二者的协同，才能形成一种正确的民族观，否则，将会走向大汉族主义或地方民族主义等狭隘民族主义的极端道路，这样既不利于民族团结进步，又不利于国家长治久安。

（二）新形势下的中华民族共同体意识

中国共产党十九届四中全会通过了《中共中央关于坚持和完善中国特色社会主义制度推进国家治理体系和治理能力现代化若干重大问题的决定》（以下简称《决定》），在该《决定》的"总体要求"部分明确指出，要"坚持各民族一律平等，铸牢中华民族共同体意识，实现共同团结奋斗、共同繁荣发展的显著优势"[9]。新形势下的中华民族共同体意识，不单单是民族治理问题，而且已经上升为坚持和完善中国特色社会主义制度推进国家治理体系和治理能力现代化进程中的重大问题。从《决定》中可以看出，解决民族问题的第一步在于，坚持各民族一律平等，只有各民族处于一种平等的地位时，才能够逐渐达到团结进步。在此基础之上，"铸牢""中华民族共同体""意识"才能够成为一种现实，否则只会是"镜中月，水中花"式的空想。从整体来看，中华民族共同体并不是一个概念，而是中华"多元一体"文化浸润下的"多元一体"民族观的集中呈现，更是各族人民群众对"中华民族"整体意义上的认同。各族群众对"中华民族"在思想上有着认同，这是民族团结的基础，更为重要的是必须要"铸牢中华民族共同体意识"，只有在"铸牢"的基础上内化为"意识"，才能真正以"知行合一"的形式体现到行动中，而"共同团结奋斗"与"共同繁荣发展"中的"共同"则是真正彰显了各族人民群众"铸牢中华民族共同体意识"的具体实践。

中国共产党民族政策与民族理论中的祖国观、民族观、文化观、历史观，习近平新时代中国特色社会主义思想发展了中国特色民族政策和民族理论中的"四观"思想，成为当前民族工作的指导思想[10]。从某种意义上讲，铸牢中华民族共同体意识的思想在于马克思主义的祖国观、民族观、文化观、历史观，而这"四观思想"同时也是培养全国各族人民对国家、对中华民族、对中华文化，以及对历史发展形成正确的认知观念，更是进一步做好民族团结进步教育的理论支撑。历史实践证明，从新中国成立至今，在党的正确领导下，坚持民族区域自治制度，坚持各民族一律平等，等等，一系列民族政策与民族理论是完全符合中国统一的多民族国家的基本国情。坚持民族区域自治制度和坚持各民族一律平等是民族团结进步和铸牢中华民族共同体意识的重要前提，同时也是做好民族团结进步教育和铸牢中华民族共同体意识的主要内容。实际上，在一定程度上讲"四观思想"是民族区域自治制度的一种延续，是民族团结进步教育的一种形式，是铸牢中华民族共同体意识的一种理路。

综上所述，在"百年未有之大变局"新形势的深刻影响下，我国的民族政策与民族理论需要与时俱进，这不仅是时代的呼唤，更是民族政策与民族理论的诉求。基于此，新形势下，在强化中华民族共同体意识的基础上，必须进一步铸牢中华民族共同体意识。同时，必须充分彰显中华民族多元一体中的"一体"概念，也只有这样，各族群众才能真正明晰本民族是中华民族大家庭中的一员，才能为中华民族共同体意识的铸牢贡献力量。

三、基于民族团结进步教育铸牢中华民族共同体意识的逻辑理路

民族团结进步教育与铸牢中华民族共同体意识有着天然的血脉联系与逻辑理路。正如学者所言：通过增强民族团结而使各个民族在进一步凝聚的过程中增强对中华民族的认同和想象，构成了铸牢中华民族共同体意识的民族团结进路；通过提升全体国民的国民意识而增强国民对中华民族的认同和想象，则构成了铸牢中华民族共同体意识的国民意识进路[11]。以此而论，铸牢中华民族共同体意识必须依靠民族团结进步教育，民族团结进步教育的目的是铸牢中华民族共同体意识。

（一）以文化认同为基点，不断增强"五个认同"

文化认同是最深层次的认同，是民族团结之根，民族和睦之魂。中华文化认

同，是铸牢中华民族共同体意识的关键。费孝通先生曾提出"中华民族多元一体"的民族格局理论，这是对中国统一的多民族国家基本国情的重大论断。中华民族的主流是由许许多多分散孤立存在的民族单位，经过接触、混杂、联结和融合，同时也有分裂和消亡，形成一个你来我去、我来你去，我中有你、你中有我，而又各具个性的多元统一体[12]。"多元一体"既是民族格局，同时也是文化格局。不论是民族认同，还是文化认同，都必须彰显对"一体"的认同，否则必将对中华文化与中华民族形成一种偏颇的认识。因此，必须增强各族群众对中华文化"一体"的认同，文化认同是最基础、最必要的深层次认同。

文化认同不仅影响到个人对自己身份的认定、社会群体的角色，还影响到民族以及民族文化的保持、国家的意识形态维持与强化、不同的宗教与文明形态之间的理解、甚至当代的国际政治格局[13]。中华"多元一体"的文化格局是中华各族人民群众共同书写，是各族人民群众共同的智慧结晶，并不是主观臆想而形成的。对于文化认同而言，不仅在于肯定中华文化的"多元"，更应该认同中华文化的"一体"。对中华文化"一体"的正确理解与把握，有助于使各族群众形成一种共识，这种共识正是对整体意义上的"中华民族文化"的一种认同，同时是加强民族团结进步与铸牢中华民族共同体意识的必由之路。

对伟大祖国的认同在于，首先培养一种爱国意识，其次是爱国主义情怀。爱国是中华民族的优秀品格和优良传统，爱国主义是中华民族思想与道德的精髓，爱国精神穿越时空，一直流淌在每一个炎黄子孙的血脉中，中华民族五千年文明灿烂不熄，历经磨难而不分裂就是最好的证明[14]，只有坚持爱国和爱党、爱社会主义相统一，爱国主义才是鲜活的、真实的，这是当代中国爱国主义精神最重要的体现[15]。对伟大祖国的认同推进民族团结进步教育和铸牢中华民族共同体意识的爱国意识与爱国情怀的集中表达。对中华民族的认同在于认清中华民族多元一体的民族格局。中华民族是一个大家庭，是国家层面的民族，强调一体性；各民族是多元，突出历史文化的多元，有合作共治的政治含义。"一体"包含"多元"，"多元"组成"一体"，二者辩证统一、不可分离[16]。每一种文化必有一主体，此主体即民族。民族创造了文化，但民族亦由文化而融成[17]，同样，中华文化的主体是各族文化的集中体现，也即中华文化的"一体"，对中华文化的强烈认同，是对中华民族精神的强烈表达。从中国共产党成立之初，就把"人民"摆在最核心的位置，发展为了人民，发展依靠人民，发展成果由人民共享成为中国共产党的核心要义，这里的"人民"是指全国各族人民，并不是人民的极少数。时至今日，从"脱贫攻坚"和"抗击新冠肺炎疫情"的成果来看，只有在中国共产党的领导下，才能够取得胜利。对中国共产党的认同，是对新中国成立以来取得各项成绩的尊

重与认可。只有社会主义才能救中国，只有中国特色社会主义才能发展中国，这是历史的结论、人民的选择[18]。对中国特色社会主义道路的认同与坚持，是实现中华民族伟大复兴的必由之路。

基于此，增强"五个认同"的关键点在于，对中华文化形成强烈的认同意识。这也正是习近平总书记指出的"文化认同问题解决了，对伟大祖国、对中华民族、对中华文化、对中国共产党、对中国特色社会主义道路的认同才能巩固"。文化认同是增强"五个认同"的核心要义与基点，也就是说，没有文化意义上的认同，"五个认同"只能是一种理想主义而不会落地开花成为现实。

（二）以历史逻辑为理路，树立正确的民族观

民族观的形成离不开历史逻辑进路，正是立足于历史的演进，民族观的演变与发展才能够得以明晰，才能对民族观形成一种正确的认识。在中国历史上，经历了"夷夏有别""夷夏一家"到"华夷一体"的转变。夷夏观念的转变对于我国统一的多民族国家形成与发展、中华民族共同体意识的形成与巩固产生了重要影响[19]。实际上，夷夏观念在很大程度上是，中国在不断走向统一、强盛的过程中，接纳与吸收不同民族与其文化而逐渐形成的。简言之，夷夏观念是中华民族共同体意识发展的一个阶段性认识，是中华民族共同体意识的重要组成部分。从夷夏观念的形成与发展来看，以历史发展为线索，可以看出夷夏观念与"大一统"思想有着密切联系。无论是汉族还是少数民族，都以"入主中原，统一天下"作为目标追求，都以"奉天承命"自居，在此过程中以不同方式统治其他民族，这在不同程度上促进了民族与民族文化的交往、交流、交融。尽管夷夏观念曾经起到过维护民族团结、国家统一的作用，但是其仍然具有一定的时代局限性。

中国各民族在中国近现代史上深陷亡国灭种的危机，就是在这样的共同环境下，中华民族"没有向命运屈服，而是奋起抗争、自强不息，经过长期奋斗，而今走上了实现中华民族伟大复兴的康庄大道[20]"。近代以来，在同日本侵略者抗争、民族解放战争中，中华民族誓死力争，最终打败侵略者、消灭反动派，建立起中华人民共和国，从此人民成为国家的主人。取得民族独立、人民解放的成果，是在中国共产党的领导下全国各族人民共同奋斗的结果。新中国成立之后，党和国家确立民族区域自治制度，坚持各民族一律平等。经过几十年的实践，党的民族政策是完全正确的，是符合各族群众的共同需求的，由此产生的平等、团结的民族观受到人民群众的广泛认同。

新时代的中国，是更加开放的中国，在开放中走向世界。中国越走近世界舞台中央，离中华民族伟大复兴的目标越近，就越处于国际矛盾的风口浪尖，甚至

遭遇形形色色的封锁、遏制和打压。国际的不确定因素也越容易激发国内的民族矛盾，狭隘民族主义、大汉族主义、民族分裂主义等错误思潮时有凸显[21]。面对复杂的国内外环境，解决民族矛盾的关键在于引导各族群众树立正确的民族观。

在新的形势下，我们应该从历史发展演进的道路出发，正确认识民族观的形成与发展，在历史中找寻符合各族人民群众需要的民族观。中华民族多元一体的民族格局，为我们提供了一定遵循，那就是在中华民族"多元"的基础上，形成对"一体"的认同，进而铸牢整体意义上的中华民族实体意识，这便是新形势下各族群众应该树立的正确民族观。

（三）以社会核心价值观为引领，建设各民族共有的精神家园

人类社会发展的历史表明，对一个民族、一个国家来说，最持久、最深层的力量是全社会共同认可的核心价值观。核心价值观承载着一个民族、一个国家的精神追求，体现着一个社会评判是非曲直的价值标准[22]。社会核心价值观是一个民族、一个国家的价值标准和精神追求。社会主义核心价值观是一个具有三维一体特点的复合概念，由国家、社会和个人三个层面共同构成一个相对完整的价值追求体系。其内涵、表述和意境具有强烈的时代色彩，符合各民族的根本利益，反映了行进在现代化道路上的各民族在更高的价值层面对真善美的精神追求，也使构筑中华民族共有精神家园的追求趋于系统化、具体化[23]。

从国家层面上讲，富强、民主、文明、和谐是近代以来中华民族经过艰苦卓绝的残酷斗争换来的，是实现中华民族伟大复兴中国梦的进阶路径，同时也是中华各族人民所向往与追求的奋斗目标。从社会层面上讲，自由、平等、公正、法治是社会的价值追求，坚持民族区域自治制度、坚持各民族一律平等、坚持法律面前人人平等、坚持依法治国等，均是社会主义核心价值观社会层面的具体体现，有利于进一步做好民族团结进步教育与铸牢中华民族共同体意识。从个人层面上讲，爱岗、敬业、诚信、友善是处理人与社会、人与人之间的关系准则。对于中国这样一个统一的多民族国家而言，人与人之间、民族与民族之间的交往、交流、交融是大势所趋，两者之间必须做到心与心之间的交往、交流、交融，正如习近平总书记所说的"船的力量在帆上，人的力量在心上。做民族团结重在交心，要将心比心、以心换心。各民族同胞要手足相亲、守望相助，共同维护民族团结、国家统一"。

从某种程度上讲，社会主义核心价值观凝聚着各民族的共有精神家园。实际上，对于社会主义核心价值观的阐释，有助于在全社会凝聚共识，有助于使各族群众明晰究竟什么才是我们的共有精神家园。共有精神家园是中华民族认同和尊

崇的心灵寄托和精神归宿的安身立命之所，是民族唯变所适、生生不息的发展动力[24]。建设中华民族共有精神家园，不但是各族群众的情感表达，而且也是维系民族团结进步的精神纽带，同时更是各族群众的价值共识，集中展现了各族群众的内在需要。以社会主义核心价值观为引领，建设中华民族共有精神家园，这是跨越族别界限，将普遍价值内化为民族团结、社会稳定的实践过程，构筑起民族团结进步教育与铸牢中华民族共同体意识的坚强堡垒。

（四）以中华民族精神为核心，凝聚中国力量

近代以来，在反抗外来侵略的战争中，在民族生死存亡之际，中华民族空前团结，形成了一支重要的武装力量，最终举全国之兵、举全民族之力，赢得了战争的胜利，实现了民族独立，为民族解放和富强奠定了坚实的基础。在人民解放战争中，全国各族人民在中国共产党的领导下，实现了民族解放。正如学者所言，在五千多年的漫长发展进程中，向往国家统一、民族兴旺、人民富足、人生完善的梦想始终像不熄的灯光照耀我们民族前行，也激发、培育和塑造了我们伟大的民族精神[25]。中华民族是伟大的民族，在实现民族独立、人民解放、国家富强的伟大进程中，全国各族人民舍生忘死、前赴后继做出了巨大牺牲，这是全国各族人民用鲜血换来的和平与稳定，用血肉铸就的历史与辉煌，在此过程中形成的民族精神是伟大的，这种民族精神是中华民族整体意义上的。

改革开放以来，全国各族人民团结奋进，经受住了来自国内外的各种压力。面对苏联解体，全国各族人民团结一致，坚持中国共产党的领导，坚持中国特色社会主义，最终防范和化解了来自国际的冲击；面对旱灾、冰灾、地震等自然灾害的威胁，全国各族人民更是万众一心、众志成城，在灾难面前顽强抗争，最终取得一个又一个伟大胜利。

在新时代，全国各族人民团结一致向前看，为实现中华民族伟大复兴的中国梦而不懈奋斗。面对"疆独""藏独""台独""港独"等民族分裂势力的严重威胁，全国各族人民紧密团结围绕在党中央周围，坚决支持党的民族政策，为挫败民族分裂势力贡献智慧和力量；面对西方国家肆意攻击抹黑中国、渲染中国"威胁"论、周边国家无端挑起领土争端，全国各族人民更是以团结强硬的姿态，光明磊落的行为作为这一攻击、抹黑、挑衅的回应；面对新冠肺炎疫情的肆虐，全国各族人民守望相助、共克时艰，最终取得抗疫的伟大胜利。

中华民族的"伟大创造精神、伟大奋斗精神、伟大团结精神、伟大梦想精神"正是传承和发扬了马克思对中华民族精神的概括，同时又具有划时代的创新意义，是对当今中华民族精神的最精确科学的阐述[26]。实践证明，只有坚持中国共产党

的领导，民族团结进步才能成为一种可能；只有坚持民族区域自治制度，民族团结进步才能现实；只有坚持中国特色社会主义道路，民族团结进步才能进一步发展；只有中华民族团结起来，才能形成一种强大的中国力量。

中华民族精神是中华民族团结进步的重要精神支撑。中华民族创造性地发展了马克思主义，开辟了中国特色社会主义道路。中华民族在长期的历史实践中，艰苦奋斗，逐渐走向强盛。中华民族在面对侵略、面对灾难，各族群众团结一致，最终打败侵略者，战胜灾难。新时代，实现中华民族伟大复兴的中国梦成为中华民族的共同梦想。以中华民族精神为核心，全国各族群众积极培育和践行爱国主义精神，进而为实现中华民族伟大复兴凝聚中国力量。

四、结束语

历史已经并将继续证明，没有中国共产党的领导，民族复兴必然是空想[27]。东西南北中，党政军民学，党领导一切。在中华民族多元一体的民族格局下，必须坚强中国共产党的领导，坚持民族区域自治制度，坚持各民族一律平等，这是推进民族团结进步教育与铸牢中华民族共同体意识的制度保障和重要前提。必须认清民族团结进步教育与铸牢中华民族共同体意识二者之间的关系理路，同时，更要明晰二者是长期推进的系统性工程，这关系到中华民族的团结进步，关系到中华民族的繁荣稳定。实现中华民族伟大复兴的中国梦，必须全面深化民族团结进步教育，以社会主义核心价值观为引领，引导各族群众增强"五个认同"，树立正确的国家观、民族观、宗教观、历史观、文化观，进而铸牢中华民族共同体意识。在各民族交往交流交融的过程中，体悟并认同伟大的中华民族精神，为中华民族的腾飞凝聚中国力量。

参考文献

［1］青觉，徐欣顺.中华民族共同体意识：概念内涵、要素分析与实践逻辑［J］.民族研究，2018（6）：1-14+123.

［2］习近平.决胜全面建设小康社会夺取新时代中国特色社会主义伟大胜利——在中国共产党第十九次代表大会上的报告［N］.人民日报，2017-10-28.

［3］中共中央文献研究室.习近平关于社会主义政治建设论述摘编［M］.北京：中央文献出版社，2017.

［4］国家民委网.国家民委等四部门印发《关于进一步做好新形势下民族团结进步创建工作

的指导意见》[EB/OL].（2020-02-29）.http://www.gov.cn/xinwen/2020-02/29/content_5484807.htm.

[5] 中共中央办公厅国务院办公厅印发.关于全面深入持久开展民族团结进步创建工作铸牢中华民族共同体意识的意见[N].新华社,2019-10-23.

[6] 马平.文化的"多元融通"与民族的"和合共生"[J].回族研究,2012,22（03）:33-37.

[7] 习近平.在全国民族团结进步表彰大会上的讲话[Z].北京:人民出版社,2019.

[8] 江泽民.在新疆考察工作时的讲话[M].北京:人民出版社,1990.

[9] 新华网,中共中央关于坚持和完善中国特色社会主义制度推进国家治理体系和治理能力现代化若干重大问题的决定[EB/OL].（2019-11-05）http://www.xinhuanet.com/2019-11/05/c_1125195786.htm.

[10] 王鉴,胡红杏.打牢中华民族共同体意识的思想基础研究[J].民族教育研究,2020,31（02）:11-16.

[11] 周平.铸牢中华民族共同体意识的双重进路[J].学术界,2020（08）:5-16.

[12] 费孝通.中国文化的重建[M].上海:华东师范大学出版社,2014:3.

[13] 郑晓云.文化认同论[M].北京:中国社会科学出版社,2008:8.

[14] 习近平用"五个认同"巩固生命线[EB/OL].中国干部学习网,2015-09-30.

[15] 高层大讲堂编写组,编.高层大讲堂:十八大以来中央政治局集体学习的重大议题[M].北京:红旗出版社,2016.

[16] 郎维伟,陈瑛,张宁.中华民族共同体意识与"五个认同"关系研究[J].北方民族大学学报（哲学社会科学版）,2018（03）:12-21.

[17] 钱穆.民族与文化[M].北京:九州出版社,2012.

[18] 习近平.习近平谈治国理政[M].北京:外文出版社,2014.

[19] 段超,高元武.从"夷夏之辨"到"华夷"一体:中华民族共同体意识形成的思想史考察[J].中南民族大学学报（人文社会科学版）,2020,40（05）:1-8.

[20] 习近平.携手建设更加美好的世界——在中国共产党与世界政党高层对话会上的主旨讲话[N].人民日报,2017-12-02（2）.

[21] 李洁.论历史观、民族观、国家观、文化观的新时代意涵[J].高校马克思主义理论研究,2019,5（04）:96-106.

[22] 邵和平.论炎黄文化与建设中华民族共有精神家园的关系[J].学习与实践,2008（3）:151-154.

[23] 来仪,杨莹慧.再论中华民族共有精神家园的内涵及现实意义[J].西南民族大学学报（人文社科版）,2019,40（01）:1-7.

［24］韩振峰.中华民族共有精神家园及其构建途径［J］.中州学刊，2009（4）：23-26.

［25］刘茂杰，王幸生，霍其成.实现中国梦不可或缺的精神力量［J］.求是，2013（09）：17-19.

［26］杨晓芳.马克思关于中华民族精神的论述［J］.思想政治教育研究，2020，36（03）：34-37.

［27］习近平.决胜全面小康社会夺取新时代中国特色社会主义伟大胜利［A］//十九大报告辅导读本［M］.北京：人民出版社，2017.

作为铸牢中华民族共同体意识文学基础的
当代藏族汉语诗歌

祁发慧 *

摘　要：本论文立足铸牢中华民族共同体意识这一核心观点，首先，从基于区域地理与族群文化的中华民族共同体意识构筑、从民族文学到藏族汉语写作、作为中华民族共同体意识文学表征的当代藏族汉语诗歌及其研究三个方面，讨论当代藏族汉语诗歌之于铸牢中华民族共同体意识的意义和重要性所在；其次，从学理和概念层面对民族文学、当代藏族汉语诗歌进行分析，以期通过概念本身透视文学对于铸牢中华民族共同体的意义和效用所在。

关键词：民族文学；当代藏族汉语诗歌；中华民族共同体

　　对当代藏族汉语诗歌的研究从一开始就有几个隐含的问题：什么是藏族汉语诗歌？当代藏族汉语诗歌作为诗歌的本质在诗学意义上有何特殊性？作为少数民族文学和构筑中华民族共同体意识的重要构成部分，其内在肌质的独特性何以彰显？若要从理论上把捉藏族汉语诗歌在当下及未来的发展，就有必要从发生学的角度厘清当代藏族汉语诗歌形成的基础，从知识学的角度澄清并描述其特殊性所在。鉴于此，在本论文的写作中试图把"民族文学"作为展开此项研究的逻辑原点，把"区域地理"和"族群文化"作为理解当代藏族汉语诗歌的一种方式和一种确实存在的社会进程中物质性的产物，从而建立当代藏族汉语诗歌的研究尺度。

一、从民族文学到藏族汉语写作

　　民族文学在中国语境内与汉语文学形成明显差异，这个差异的形成根源于"民族文学"作为"民族"与"文学"的耦合型概念有其自身的特殊性，在民族文学研

　　* 祁发慧（1988—　　），女，汉族，青海西宁人，文学博士，青海民族大学文学与新闻传播学院副教授。研究方向：藏族文学批评与文化研究。

究及批评领域，这个特殊性主要从"民族性"和"文学性"两个维度展开，即民族文学之民族性与民族文学之文学性。而问题的关键也在于此，在中国这样一个多民族国家中，我们如何界定其民族性？在纷繁复杂的表达样式中我们如何界定其文学性？确如勒内·韦勒克（René Wellek）和奥斯丁·沃伦（Austin Warren）在《文学理论》一书中的描述："自成一体的民族文学这个概念有明显的谬误，因为是仅仅根据政治上的独立这个事实？还是根据作家本身的民族意识？还是根据采用民族的题材和具有地方色彩？或者根据明确的民族文学风格来确定？"推演而来的问题便是，我们如何在中华民族共同体意识这一总体性格局中讨论民族文学。鉴于此，我们有必要讨论中国语境内民族文学的发生及发展机制，为当代藏族汉语诗歌的研究提供学理背景。当下，在文学界达成的共识中，我们将汉族之外的 55 个少数民族创作的文学统称为"民族文学"或"少数民族文学"。李鸿然先生在《中国当代少数民族文学史论》一书中考证出：

"在当代中国，少数民族文学概念的提出是 1949 年，而不是 1951 年；少数民族文学的确定是二十世纪五十年代中期而不是六十年代以后，提出和确定这一概念的，是文学大师茅盾和老舍而不是别人。"

这段叙述中关于少数民族文学概念提出时间的划定和精确值得我们注意，1949 年 10 月 1 日中华人民共和国成立意味着我国建立的是一个多民族国家，而这个"民族"概念的权威性定义是斯大林（Stalin）在《马克思主义和民族问题》一文中提出的"民族是人们在历史上形成的一个有共同语言、共同地域、共同经济生活以及表现于共同文化上的共同心理素质的稳定的共同体"。这里所说的民族应该与英文当中的 nation 或 nation-state 相对应，在绝大多数文献中，nation-state 被翻译成"民族 – 国家"。正因如此，在英文译著中也袭承苏联的译法，将"民族"翻译为"nationality"，将"少数民族"翻译为"minority nationalities"。但是在民族社会学的发展历程中，"民族"这一概念的内涵被研究者不断深挖和拓展，甚或在新兴的文化场域和社会实践中被赋予全新的内容。

譬如，日本学者吉野耕作（Yoshino Kosaku）从本质、社会功能、民族主义现象的解释三个层面较为立体地梳理了"民族"这一概念，他认为民族的本质有原始主义（primordialism）和境界主义（boundary approach），民族的社会功能有表现主义（expressivism）和手段主义（instrumentalism），民族主义现象的解释有历史主义（historicism）和现代主义（modernism）。英国学者安东尼·D. 史密斯（Anthony D.Smith）基于西方国家的经验认为 nation（民族）是除了性别、空间和阶级之外的，在人类社会发展过程中出现的新一类群体和身份认同；出现nation 概念意味着人类群体在新的政治基础上统一成为新的共同体，同时意味着民族主义（nationalism）的兴起。史密斯的观点其实是继承并发展了他的老师厄尼斯特·盖尔纳（Ernest Gellner）的观点，盖尔纳始终坚持并认为民族和民族主义是现代社会真实而强大的社会现象。同样身为英国学者吉登斯则认为 nation 和 nationalism 都是现代国家的特有属性，因此 nation 一词指隶属于统一的行政机构且居住在拥有明确边界领土上的集体。美国学者本尼迪克特·安德森（Benedict Anderson）认为"它是一种想象的政治共同体——并且，它是被想象为本质上有限的（limited），同时也享有主权的共同体"。与安德森"想象的共同体"如出一辙的观点是埃里克·霍布斯鲍姆（Eric Hobsbawm）"被发明的传统"，他认为"民族是有民族符号、神话和适当裁减的历史构成的一系列被发明的传统"。这些学者在关于民族概念的定义中，其外围存在显著而重要的差异，但建构性显然成为民族概念的主要特征之一。

综观之，英文中的 nation 概念多强调社会、政治与文化含义，与我们在汉语中了解到的"民族""国家"概念属于不同的范畴。历史上，我国学术界针对"民族"这一概念围绕汉民族的形成问题、民族概念的译法、民族概念的含义、反思并回顾中国与苏联民族研究问题、族群概念与民族概念的关系问题等分别展开过六次讨论。

其中，21 世纪初关于族群概念与民族概念的关系问题的讨论就本项研究而言较为重要，族群（ethnie，或 ethnic groups）一词在西方国家的出现意味着种族（race）这一概念的逊位，美国社会人类学家弗兰茨·博厄斯（Franz Boas）和社会学家罗伯特·帕克（Robert Park）最先从社会地位和文化界定种族概念，进而用"ethnic group"取代"race"。追溯 20 世纪以来对族群（ethnic groups）进行研究的学术传统，不难发现马克思·韦伯（Max Weber）的影响是巨大的，他在《经济与社会》一书中论述了"ethnic""ethnicity"。他认为族群是"只有在其成员主观上意识到具有一种共同特性、具有共同经验的同族成员，与一些外表显然不同的对立群体成员联系在一起时，在这种共同特性成为其政治行为基础的情况下，才形成为群体"。韦伯关于族群对共同祖先的断言和族群对政治组织重要性的确定，促使族性的相关理论在人类学和社会人类学中得到进一步发展和阐释。马库斯·班克斯（Marcus Banks）的著作《族性：人类学的构建体》一书探究了族性在人类学的建构与发展轨迹，他不仅用"ethnic group"一词取代了"tribe"，而且研究了希腊文 ethnos（族体）一词在苏联人类学理论中的演变，认为真正的群组（groupings）具有稳定的文化特性、一定的独特心理特征和统一意识。同样，苏联的人类学学者们在对族群（ethnic group）的讨论中借用了 ethnos 一词，他们在不损害历史唯物主义理论的前提下承认"族群"的存在，把族体（ethnos）看作社会和历史中独立存在的实体。由此引出关于族群理论的重要问题：族群是真实的吗？晚近的著作中，莫里斯（Morris）认为族群是较大社会中有明显区别的类别，它的文化往往不同于该社会自己的文化，其成员被他人或自己认为是由共同的种族、民族特征或文化纽带连在一起的；与此同时，他也承认群体的共同性在程度上存在差异。此外，朱迪斯·纳嘉塔（Judith Nagata）追随克利福德·格尔茨（Clifford Geertz）族群具备自我满足和自我再生产能力的观点，认为"族裔共同体（ethnic community）具有一种在机制上自我支持和自我持续存在的能力，在政治层面上这个共同体就带有收复领土和分离的性质"。但是，讨论族群在何种程度上真实存在的问题，实际上是也只是把族群看作一个模糊的、被松散界定的认同。较之民族概念的建构性，族群概念强调原生性。从民族概念到族群概念内涵的精确和扩展中，可以看到一个一以贯之的中心或重心——共同体，这个共同体在本质上是一种关于文化的观念，它首先是共同享有血缘、血族关系、信仰等根深蒂固的原生纽带；其次是共享一个历史的疆域、共同的传说、集体、公共文化、独立的经济体和共同的责任和权利的人群。

在我国语境中，民族（nation）指一个兼有"国家"所包含的领土、法制因素和"族群"所包含的文化、血缘因素的共同体。族群（ethnic groups）则要从20世纪50年代初中央政府开展的民族识别谈起，基于当时社会发展的历史阶段，从宏观层面上统筹考虑全国各地区政治、文化、经济发展的层次，划分并认定了包括汉族和55个少数民族在内的56个民族。我国学术界在改革开放之后的十几年中也开始使用"族群"概念和相关理论，一些研究者建议把中国的"少数民族"改称为"少数族裔/族群"（ethnic minorities），以此对应侧重文化和血缘意义的"族群"并突出中国多族群之间文化传统中存在的差异，也从这个概念体系出发，把中国称作"民族国家"（a nation-state）而且是"多族群的民族国家"（a multi-ethnic nation-state）。这样的调整不仅摆脱了曾经借鉴斯大林定义的民族框架，也使我国的族群识别更强调文化和历史因素，从而形成文化交流和互动的良好态势。鉴于此，我国语境中的民族文学之民族，其实是指经过族群识别认定之后的少数族群/族裔，因此，我国语境中的民族文学之文学，也指少数族群/族裔文学，而且少数族群/族裔文学文本本身在不同场域和层次上兼有我们在上文中梳理nation及ethnic概念的丰富内涵。在关于什么是民族文学的界定中，李鸿然做了这样的描述：

"民族成分、民族题材、民族语言三者，是人们划分民族文学的主要标准，不过有的较宽，只用民族成分一项标准；有的较严，兼用民族成分和民族题材两项标准；有的很严，同时用民族成分、民族题材、民族语言三项标准，认为三者缺一就不属于民族文学。"

这段话中提到我国文学界区分民族文学的客观标准是民族成分、民族题材、民族语言，所谓民族成分即写作者的身份、民族题材即写作呈现的内容、民族语言即写作所使用的语言媒介。身份、内容、语言在作为界定民族文学合法性标准的同时成为写作者精神生产传承形式的要素，但是相关的复杂问题也随之出现，即写作者的身份认同、写作的内容界定、写作语言的选择等，"民族文学"这一概念随即与身份识别、跨语际交流等新的概念范畴发生关联，而这种关联本身不仅成为新近以来界定民族文学这一概念的标准，也成为民族文学批评中的热点。

因此，我们可以确定的是作为概念的民族文学仅仅是描述性的，它不是固定的模式、规则和方法，它应该是隐藏在文本中且支配文本的一些常态特征。就国内学界的划分而言，民族文学是对中国 55 个少数族裔文学的统称或者说是一个关于少数族裔文学的总体性概念，而且民族文学中同时包含了民族的文学认同与民族文学理论建设的可能。根据族群 / 族裔差别，又把民族文学细分为藏族文学、蒙古族文学、彝族文学等；根据文体差异，细分为 ×× 族小说、×× 族诗歌、×× 族散文等；根据语言类别，细分为汉语、双语和民族语言三种。这些标准在重新组合之后生成诸如彝族汉语诗歌、蒙古族母语小说等民族文学的宽阔场域，从常规意义上将文学分别出例外的独特。虽然这种常规与独特是相对性的，但文学创作作为一种精神性生产在保持特定同一性的同时会生产更多非确定性成果，而这恰恰是作为学术研究和文学批评连续性生产的意义所在。

就铸牢中华民族共同体意识在文学研究与文学批评中的实践而言，我们有必要从民族文学的尺度找到族群与文学的尺度，然后从藏族文学的尺度找到藏族汉语诗歌的尺度，进而将研究限定在"当代藏族汉语诗歌"这一糅合时间、族群、语言、文体的范畴之内（如图 1 所示）。首先，选择"当代"这一时间段不无学术依据，虽然藏族汉语诗歌的发生要追溯到 20 世纪 50 年代（这个时间可以具体到 1951 年西藏解放），但是这个时段由藏族的写作者运用汉语创作的文学作品并不多见，从事汉语写作的仅有饶介巴桑、擦珠·阿旺洛桑活佛等少数诗人，从质量到数量均不成气候。而当时蔚为壮观的则是高平、杨星火、汪承栋等进藏军人创作的藏地诗歌，"1951 年 12 月 16 日《解放军文艺》第一卷第七期刊出吴忠等集体创作的《向康藏高原进军》、杨萍的《达马拉山大改变》等诗和快板诗"是现有的资料中第一次集中刊发进藏军人藏地诗篇。在以往的研究中，常有学者将描写藏地风光的诗歌、在藏地写就的诗歌归入藏族诗歌的谱系中，这样的归类在族裔文学及文化研究中有失严谨，我们有必要区分"藏地"与"藏族"在文学创作中的差别。20 世纪 70 年代末 80 年代初，中国社会进入政治、经济转型期，文学艺术创作也随之进入黄金时代，藏族学者道吉任钦认为 1978 年以来是藏族文学的发展和丰收时期，也恰恰是这一时段涌现出继格桑多杰、伊丹才让之后班果、才旺瑙乳、旺秀才丹、梅卓、桑丹等一大批优秀的汉语写作者，他们共有的写作特色就是运用诗歌诠释藏族文化。与此同时，新诗写作也进入一个繁荣而多元的发展阶段。因此选择"当代"这一时空点，便于把藏族诗人及其写作置入具体的时代语境和文学生态中，从中可以窥见当代藏族汉语诗歌在新时代为民族团结、铸牢中华民族共同体意识所做的文学及文化努力。

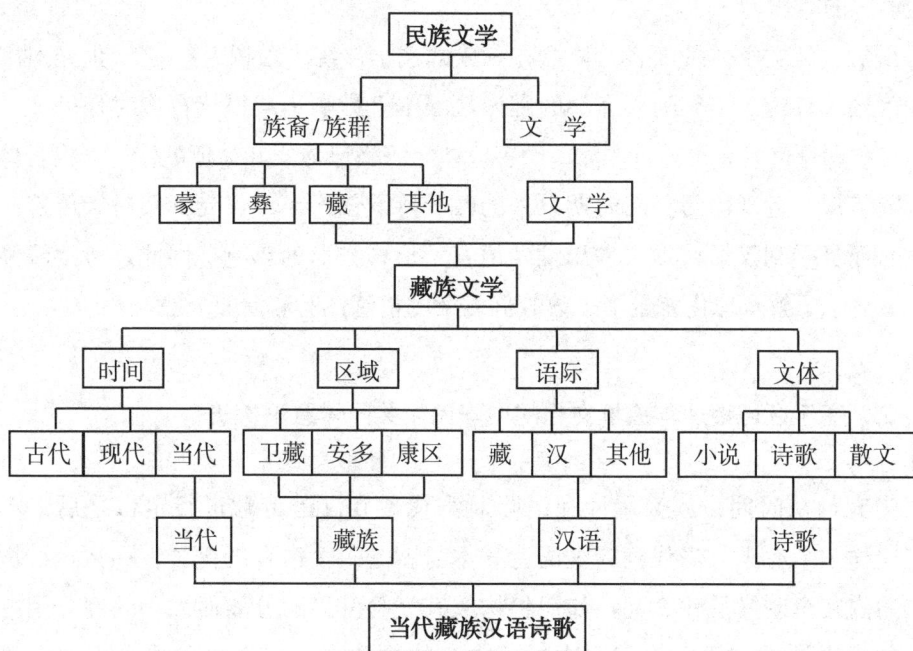

图 1 民族文学的划分

其次，藏族作为 20 世纪 50 年代被中央政府统一识别认定的族群，有其特有的文字、文化和历史传统，而这些恰恰是其文学创作独有的精神内核，更是构筑中华民族共同体意识的有力保障。我们有必要透过族群文化、族裔身份从更深的层面思考藏族诗歌表征的特殊面相。

再次，从语言范围来看，新时期以来的藏族诗歌创作存在汉语写作和母语写作两种表述样态，从事写作的诗人基本上都是 1949 年以后接受过藏汉双语教育和汉语教育的知识分子。对于接受双语教育的诗人而言，他们接受教育的过程中尤其是在进行高等教育的过程中，汉语甚至英语的使用率高达 60%；对于部分从小接受汉语教育的诗人而言，他们系统地接受过高等院校汉语言相关专业的教育，他们更擅长汉语写作而非藏语写作。更重要的一点是虽然汉语写作在藏区的萌芽仅有 60 多年的光景，但是随着普遍发生的现代性和整体推进的现代化建设，使得涉藏地区的汉语教育普及已经相当广泛。鉴于少数族裔语言与现代汉语之间的差异，在讨论少数族裔文学之文学性的时候我们不得不在汉语交流和接受的平台上展开。另外，笔者从与藏族学者金巴仁青的学术交流中获知，就汉语写作而言，藏族没有中国文学史意义上的现代文学，藏族的汉语文学创作是改革开放以后才得到迅猛发展的，古典时代藏族的文学创作属于经院、属于高僧大德，在新中国成立后藏族的文学创作才从经院走向普罗大众，才从藏语写作走向汉语、英语等其他语言的写作。[①]

最后，就文学体裁而言，诗歌在藏族的文学传统中独树一帜，13 世纪对印度诗歌理论《诗镜》（年阿买隆）的翻译从根本上影响了藏民族古典时代的文学创作，诗歌本身也发展出"自由体""多段体"等格律体式和"道歌体""格言体"等诗歌流派。近现代乃至新时期以来的藏族诗歌创作，不仅受到藏民族传统文化的滋养而且受到汉语诗歌多种思潮及语言、形式方面的影响。因此，考察藏族汉语诗歌对于了解全球化背景下少数族群复杂的情感体验有着重要意义。

二、基于区域地理与族群文化的中华民族共同体意识构筑

当我们从时间、族裔属性和语际对当代藏族汉语诗歌进行定位之后，不免会有这样一个考虑：当代藏族汉语诗歌本身就是一个耦合的概念，那么这种耦合形成的内在机制又是什么呢？如何将构成其经验世界的分离而细小的部分用一种特定的或系统的方式联系起来呢？从耦合的概念本身出发找出体系内的上位概念，建构特定的关联域并将此贯穿于整个研究和批评实践的深层，便是展开本项研究的理论归宿和逻辑原点，也是考察当代藏族汉语诗歌之文化性质、文学形象的有效方法。因此，针对作为中华民族共同体意识文化表征的当代藏族汉语诗歌的考察中，引入"区域地理"（Regional Geography）和"族群文化"（Ethnic Culture）两个概念作为联系当代藏族汉语诗歌的理论场域，从区域、族群在文学方式上的精神构筑进行考量。

在国内，提到维吾尔族、蒙古族、壮族、苗族、回族这些族群的时候，首先

[①] 这一观点来自笔者与青海省玉树藏族自治州学者金巴仁青老师于 2015 年在结古朵的一次学术交流，金巴仁青老师致力于收集整理康巴地区的古籍与民间文学，于 2012 年出版藏文著作《千年玉树》（共 25 册），于 2017 年出版藏文著作《传统美德系列丛书》（共 6 册）。——笔者注．

谈及的是能够唤起历史、政治、文化等切实地理方位区域，其次才是地理、景观符号。就本论文的写作而言，生活在东经 73～104 度，北纬 27～38 度之间的有藏族文化、说藏语的族群被称为藏区，隶属于西藏、青海、甘肃、四川、云南五个行政区，这是 20 世纪 50 年代中央政府进行行政区域划分和族群识别活动的结果。其中西藏为藏族自治区于 1965 年 9 月正式宣告成立，青海省管辖内分别成立海南、海北、海西、黄南、果洛、玉树藏族自治州，甘肃省管辖内成立甘南藏族自治州，四川省管辖内分别成立甘孜、阿坝藏族自治州，云南省管辖内成立迪庆藏族自治州。区域自治的形式在保护各省族群文化完整性的同时保证了族群的合法性地位，但是这种马赛克式的行政区域划分刻板地割裂了藏族文化内在的一致性，尤其是在我们关注文学、宗教、美学或其他象征和再现实践的独特文化现象时，会注意到各行政区域内部明显的关联和差异。在这样的语境下，研究藏族汉语诗歌就会牵引出内在于其中的物质形式和空间形式，进而开掘身份认同、意义和能动性等具有独特价值的议题。

正如我们在前文中谈到的，族裔问题会自动延伸为身份识别问题和主体性问题，而这两个问题本暗示着身份与主体性是绘制地方空间的基本背景，藏族作为分布在五省行政区域内聚居或杂居的群体，其文化的建构及传承是在人和地方的相互影响和纠缠中想象、表达和体验出来的，不管是族群共同体还是共同体内个体的主体性均在这种地理的环境中相互建构，莉斯·邦迪（Liz Bondi）和洛伊斯·戴维森（Loyce Davidson）认为"什么的问题就是什么地方的问题"。① 在族群、文化、宗教等各种要素在不同情形下被不同的关系组织起来的时候，我们不得不将目光投射到不同尺度的地方和空间中去，从渗透主体性的地方中发现被持续建构着的文化要素，而且地方的文化要素中也交织着主体的生命体验和思想火花。因此，行为主体与空间的关系也是自我与群体、物质世界与精神世界等相互关联的、多重的、复杂的东西，而往往这些东西都是情境性的，它们会通过各种不同的话语形式和话语角色组织成交响乐般的联合叙事，用一整套特有的感觉方式记录下扎根于地方的、空间的身体。所以，在人文主义学说的叙述中，地理被认为是同语言、文学、文化、政治一样可以通过具体的符号、概念、知识进行归纳和分析的客体，地理作为一种客观存在物又与语言、文学、文化、政治、经济进行着交融与重叠，对于这种交融和重叠，卡尔·索尔（Carl Sauer）曾这样宣称过："文化是能动者，

---

① [英]凯·安德森，史蒂夫·派尔；莫娜·多莫什主编. 文化地理学手册[M]. 北京：商务印书馆，2009:415.

自然地域是媒介，文化景观是结果。"①作为媒介的自然地域通过文化推动了文化景观的散布，而文化人类学中的文化（culture）本身作为由社群习俗决定的人们的生活习惯和行为，也必然是建立在人与土地的关系上。②地方乃至空间从点到面把各种势力关系调和为一种既可以真实描述又可以驰骋想象的产物，从而唤醒个体艺术家般的感知和见解，而这种感知和见解恰恰是地方赋予人的体验、价值和意义。正因如此，由地方发展出的一个重要观点便是克利福德·格尔茨（Clifford Geertz）的"地方性知识"，联合国科教文组织关于地方性知识如此解释道：

Local and indigenous knowledge refers to the cumulative and complex bodies of knowledge, know-how, practices and representations that are maintained and developed by peoples with extended histories of interactions with the natural environment. These cognitive systems are part of a complex that also includes language,attachment to place, spiritually and world view. Many different terms are used to refer to this knowledge, these include: traditional ecological knowledge(TEK); indigenous knowledge(IK); raral peoples'/farmers'knowledge; ethnobiology/ ethnobotany/ ethnozoology; ethnoscience; Folk science; Indigenous science.

These many terms coexist because the wide range of social, political and scientific contexts have made it all but impossible to for a single term to be suitable in all circumstance. The LINKS project promotes an all-encompassing approach to local & indigenous knowledge. Circumstance. The For in many culture, the 'rational' or 'objective'cannot be separated from the'sacred'or 'intuitive'. Nature and Culture are not opposed and circumscribed by sharp boundaries, knowledge, practice and representations are intertwined and mutually dependent.③

---

① [英]凯·安德森，史蒂夫·派尔，莫娜·多莫什主编.文化地理学手册[M].北京:商务印书馆，2009:797.

② 刘恪.词语诗学·复眼[M].开封:河南大学出版社，2008:157.

③ Louise Grenier. Working with Indigenous Knowledge: A guide for Researchers. IDRC,1998.© UNESCO World Heritage Centre 1992–2011. （"地方性知识"是人们在历史进程里与自然环境的长期互动中所逐渐积累形成的一整套的包括知识、经验、实践和表述等在内的复杂的知识系统。这个复杂的知识体系还包括由语言、依附之地、精神和世界观所组成的认知系统。由于这一概念涉及社会、政治和科学等多个领域，所以，还有另外一些术语也用来指称这一概念：传统生态知识（TEK），本土知识（IK），乡土知识，族生态学/民族植物学/民族动物学，人种学，民俗学，本土学。）

从联合国教科文组织对地方性知识的定义来看，地方性知识是系统性和综合性的，在基于科学实践基础的自然科学领域和基于解释学与人类学基础的人文社会科学领域，地方性知识皆强调差异性与区分性，而地理学者的任务便是收集和鉴别地方之间的差异事实，进而确定区域作为其差异的边界。特别是两次世界大战以来，区域地理专注于地方的独特性，托身于文化地理学，研究环境与文化群体、文化特质的传播等。以哈特向（Hartshorne）为代表的区域地理学派将自然环境的事实和人类活动的事实联系在一起进行因果联系的比较，发现区域是其内的总体大于部分之和的实物，同时哈特向也认为"社会生活的非物质性层面在空间上各不相同"，[①] 区域作为某种有机体或复合体隐伏在人类活动之中，在全部环境的关联域内引证出其宽阔的界限，在此意义上，区域具有从社会文化背景中袭承下来的思想方式和感知传统。就中华民族共同体意识的构筑而言，研究藏族汉语诗人的偏好、写作动机在考察其地理（区域）环境之外，也要考察其行为环境，而决定这种行为环境的关键要素就是藏族地区作为一个少数族裔群体的文化特性——族群文化。

弗雷德里克·巴斯（Fredrik Barth）给族群的界定下了四项定义："1.基本上能够自我延续下去的群体；2.共享基本文化价值观的群体；3.构成了交流兼互动场（a field of commnication and interaction）的群体；4.某一群体，其本身及他人都将其成员身份认定为构成了一个类别，此类别区别于相同规则下的其他类别。"巴斯对族群定义的高妙之处在于他并没有在族群与其特定文化之间画上等号，而是把特定文化视为该族群成员自己认为具有重要意义的独特要素，同时也突出了文化差异的客观性。虽然文化与族群属性并不是同样的事物，但是"族裔的/族群的"与"文化"的结合已经广为人知，尤其是在特定的区域内共享或均享同一种文化的现象非常普遍，达尼埃尔·孔韦尔齐（Danielle Conversi）将族性与文化完美地结合在一起。[②] 族群文化作为连接族群（ethnic）和族性（ethnicity）的中间事实和嵌入地方、地方主体及地方性知识的具体语境，很多时候也被视为文化差异的标志，族群本身则被限定为文化差异的外壳。但是，在一个多族群社会中，族群文化不单单是某种样态的文化内容或者某种形式的生存群体，它们会基于不同的文化生态环境和社会基础形成或共生或依赖——在文化上已经分化的——区域性群体，各个群体也会重视其文化自身的差异，从而维护面向本族群的习俗、语言、宗教

---

① [英]凯·安德森，史蒂夫·派尔，莫娜·多莫什主编.文化地理学手册[M].北京：商务印书馆，
2009:797.

② [英]斯蒂夫·芬顿.族性[M].劳焕强等译.北京：中央民族大学出版社，2009:68.

信仰等具体文化内容的边界。[①] 当下，我们倾向于展示文化的多样性，在多族群背景下各自维持着流动中的互动边界，用自己的行动来培养中华民族共同体意识以此强调相应的文化差异和族群身份，对构建社会主义核心价值观而言意义和作用重大。与此同时，在一个共时性过程中建构基于地方的历史、文化和超越自身的价值与属性，基于这种建构性经验的空间情感和空间观念以及参与到此建构过程中的个人的身份属性，使得"地方—区域""族群—文化"逐渐成为驱动和融合产生区域性文化、区域性族群文化的焦点，也能成为青藏高原各民族共有精神家园建设与铸牢中华民族共同体意识的重点。

在我国，少数族裔的文化带有明显的区域性，这种区域性质一方面与我国实行民族区域自治的政策有关，另一方面与大杂居小聚居的族群分布有关，整体而言，区域文化与族群文化对构筑中华民族共同体意识而言是一种嵌套式的存在，族群文化是区域文化的重要组成部分，区域文化中也体现着族群文化的丰富性和多样性。正因如此，同时鉴于当代藏族汉语诗歌在地域上和文化上的特殊性与独特性，继定位当代藏族汉语诗歌于中国少数族裔文学中的位置之后，从空间和族性两个维度展开思考，从地理空间下的族群属性出发，把藏族人生活的地方/区域视为一种确实存在的物质性的东西，把藏族文化视为我们对世界的一种理解方式，从而将区域地理与族群文化在藏族汉语诗歌中的结合作为考察当代藏族汉语诗歌的尺度与标准。

三、作为中华民族共同体意识文学表征的当代藏族汉语诗歌及其研究

当代藏族汉语诗歌作为一种社会实践的发展过程，以及藏族人在现代性发生以来认知、经验的变迁缘由，它不仅仅是一种文学表达和叙述手段，更是藏族人感受世界、认知自我的途径，与此同时，也是外界了解藏族人情感世界的途径之一，更是践行和铸牢中华民族共同体意识的重要组成部分。在中国当代文学时期，藏族汉语诗歌的存在与发展，表征着藏族和其他少数民族生存境遇、文化、意识的变化，也意味着他们对自身文化、生存意义的多重认知和理解。在过去的60多年中取得了相对丰硕的成果，加之国家对少数族裔文学的重视和扶持，近年来优秀作品层出不穷。随着藏学成为一门国际性"显学"，藏族文学研究也一度成为国内外学术界的研究热点之一。值得注意的是，当下随着铸牢中华民族共同体意

---

① 在本人硕士论文《作为边界现象的藏族汉语诗歌——以转型期多康地区为例》一文中，曾对边界及其现象的形成有过详细论述，在此不做赘述。——笔者注.

识的全面推进，诗歌乃至文学不仅仅是人们的精神寄托和道德情感，更是长远和根本的文化认同和强大的精神纽带。

目前，学术界对当代藏族汉语诗歌的研究，可从学科研究现状和成果分布两方面进行考察。首先，从学科研究现状来看，现有的关于当代藏族汉语诗歌的研究成果主要分布在少数民族语言文学专业和现当代文学专业之中，文艺学和比较文学两个专业次之。少数民族语言文学专业的研究者们多集中于民族地区的高等院校，如兰州大学、西北师范大学、西北民族大学、西南民族大学、西藏民族学院、中央民族大学、青海民族大学、西藏大学、西藏民族大学等。在这些院校中学者们多偏重藏学、藏族母语文学、藏族民间文学的研究，对当代藏族汉语诗歌的研究成果较少。在国内现当代文学专业，尤其是当代诗歌研究与批评领域中，学者和批评家对当代藏族汉语诗歌的专门研究成果也不算多。因此，就学科研究现状而言，目前，针对当代藏族汉语诗歌乃至当代藏族汉语文学的专门研究并没有形成气候，较之彝族、维吾尔族等兄弟族群之汉语文学研究，更是不可同日而语。

其次，从成果分布来看，在当代藏族文学研究中，有一部分文学作品被纳入藏学的研究范畴（以藏文作品为主）。对当代藏族汉语诗歌的研究成果，绝大多数是期刊论文和国内硕博论文：其中博士论文有两篇，徐美恒在其博士论文《论藏族作家的汉语文学》(2006 年)中专设《藏族汉语诗歌论》一章对藏族诗歌的民族风格、意象和藏区女诗人群进行介绍，但并没有对当代藏族汉语诗歌进行整体性分析和论述。高亚斌在其博士论文《藏族当代汉语诗歌：本土经验的现代表达》中将当代藏族汉语诗歌视为汉文化及西方多元文化冲击的结果，鉴于藏族汉语诗歌深受藏族传统文化和宗教文化的影响，又经历民族文化之出离、回归，意识形态书写到神性书写之转型，故而从"本土经验的文学表达"和"现代性的诉求"两方面对当代藏族汉语诗歌进行整合性论述。在关于当代藏族汉语诗歌研究的硕士论文中，本人硕士论文《作为边界现象的藏族汉语诗歌——以转型期多康地区为例》，以边界性作为当代藏族汉语诗歌研究的前提，以多康地区藏族汉语诗歌作为分析的具体依据，考察转型期以来藏族汉语诗歌的创作话语趋向和特征。

其他论文议题集中在诗人个案研究、诗人群体研究和地区诗歌研究上，如卓玛、德吉草、邱婧、徐美恒及笔者的诗歌批评。另一部分议题集中在藏族汉语诗歌的流变、审美研究上，如高亚斌、邹旭林的诗歌研究。在为数不多的对当代藏族汉语诗歌的研究、评论中，较为重要的研究成果可归纳为以下几类。第一，诗歌批评及审美特征研究。其中包括耿占春先生的《藏族诗人如是说——当代藏族诗歌及其诗学主题》，才旺瑙乳的《一种苍凉的声音》《被忽略的存在和光芒》，于宏的《诗歌中的历史——当代藏族诗歌片论》《当代藏族诗歌流变》《论当代藏族诗歌的主要意象及文化和审美特征》，王珂的《八九十年代少数民族女性诗歌的四种：兼论新世纪少数民族汉语诗歌的出路》，高亚斌的《藏族汉语诗歌的民歌传统》《两种语言间的游荡：新时期藏族汉语诗歌的精神旅程》，徐美恒的《论藏族女诗人的诗歌特色》《论藏族当代汉语诗歌审美想象的独特魅力》，丹珍草的《藏族当代作家汉语创作论》一书中《军旅歌者——饶阶巴桑的诗歌》《远去的雪狮——伊丹才让诗歌的文化阐释》，卓玛的《伊丹才让"七行诗"的韵律建构——兼论新时期藏族汉语诗歌的韵律意识》《生命的律动：藏族汉语诗歌的协畅化音韵追求——以新时期以来的诗歌为例》。第二，少数族裔诗歌的跨学科研究。其中包括姚新勇的《朝圣之旅：诗歌、民族与文化冲突——转型期藏族汉语诗歌论》，娘吉加的硕士论文《藏族当代文学现象研究》，斗拉加的硕士论文《藏族当代诗歌争鸣研究》，才让的硕士论文《藏族当代文学批评研究》等；他们分别从族群文化冲突、跨语际实践等方面对当代藏族诗歌进行研究和归类。

以上成果有些在纸质媒介中刊载，有些在网络媒介中发表。目前主要的涉及藏族当代汉语诗歌的网站有"藏人文化网""中国藏族网通""中国民族文学网""中国民族宗教网"，还有"藏地诗歌""嘎代才让""雪域汉诗""格桑花开""Tibetan 九色三区"等以推送诗歌为主的微信平台，这些网站和微信平台以不同方式展示藏族汉语诗歌和诗歌评论及研究的最新成果。

现有的研究虽然涉及了对当代藏族汉语诗歌的考察，具备相对的整体性和结构性，但同时也存在一些问题，主要表现在以下几个方面：首先，少数族裔诗歌的研究基本是沿袭旧有的方法，简单地从所谓"民族性""审美性""地域性"出发，将藏族或者其他少数民族的文学或文化现象拼贴在一起，缺乏同一族群文学内部的关系性研究，其客观原因在于对藏族文化传统的了解有限，当然，更缺少跨学科的多视角研究。其次，在涉及某些敏感性的话题时，绝大多数研究者选择回避，而不去深入分析某些作品存在的族裔情感的偏差，仅简单地从民族文学发展的角度对其进行正面阐释。再次，一些评论者对藏族汉语诗歌的内部批评，往往从诗歌表面入手，简单结合藏族传统文化、宗教文化及地域文化，对诗歌理论和文化批评的掌握程度有所匮乏。最后，本民族的研究者虽然能够以文化持有者的内部眼光（the native's point of view）考察当代藏族汉语诗歌，但是守护民族文化的立场让他们忽视了当代藏族汉语诗歌中存在的诸种问题。

当代藏族汉语诗歌是藏族文学乃至少数族裔文学重要的组成部分之一。但是，在过去的 60 多年中，因藏族文学自身藏语、汉语、双语三种创作方式的分流，加之藏族汉语诗歌写作中并没有产生具有全国影响力的杰出诗人，致使针对当代藏族汉语诗歌的研究和批评也相对薄弱。基于此，对当代藏族汉语诗歌的研究中，有必要从区域地理和族群文化两方面出发，关照铸牢中华民族共同体意识的展开及影响，对当代藏族汉语诗歌进行总体性的研究。

首先，把汉语写作视为当下少数族裔情感表达、价值认同的一种方法，以此考察诗歌或文学如何与"族群—民族"建立关联。在研究中关注的是藏族人汉语写作，出发点是汉语作为个体情感表达的符号，涉及汉语写作与族裔身份的冲突、语言选择与文化选择的冲突、现代意识与传统观念冲突等问题，但强调的并不是冲突本身，而是冲突的价值与意义。汉语写作作为构筑中华民族共同体的语言目标，属于并符合国家共同体的规范和价值，汉语书写已经成为当下少数族裔写作在特定的语境中逐渐形成的一种新传统，而且这个传统可以被视为个人自主选择的结果，或者说这个传统的形成是干预之后的个人自主行为。虽然是被限制或缩小了选择内容，但是个人对文化的归属、对基本价值的认同在情感构成方面依然有建构性意义。鉴于此，本文把藏族人写的汉语诗歌当作是思考少数民族情感表达、价值认同乃至文学观念、态度的方法，从中应该能够获得较为普遍的文学与民族关联的规范意义。

其次，对当代藏族汉语诗歌的研究并不是对其写作状态、发展阶段和各诗歌群体的评述，而是从文学本体论和铸牢中华民族共同体角度对"当代藏族汉语诗歌"进行考察，从理论上解答汉语写作对于民族团结之特殊性和有效性，民族身份对写作者和写作本身之意义及影响等问题。因此，我们可以将当下藏族诗人的汉语写作视为"藏族诗歌汉语化"，其缘由在于虽然藏族人借用汉语这种表达符号，但是表达本身是藏族人的更是中华民族的。此外，对藏族汉语诗歌这种形态的倾向性问题中，它不是语言的转换问题，而是藏族人对自身、宗教、文化等众多方面的认知问题，这种认知的反应可以借用任何一种语言形式，但在当下语境中藏族诗人意识到汉语的表述空间更为广阔和实用，用汉语写作是一种具有实际意义的文化参与。基于此，对当代藏族汉语诗歌的研究并不是针对一种语言形式或语言翻译问题的研究，归根结底是以诗歌作为媒介对现代性展开以来藏族人生存方式、生存状态、精神样貌的认知和研究。

最后，鉴于藏族是一个集中散布于甘青川滇藏五省的族群，且文化系统内部各个圈层间之嵌套性和异质性，研究中理应立足中华民族共同体意识，通过区域地理和族群文化建立内在的关联，把看似分离的景观事实和文化基质描述清楚。此外，在对当代藏族汉语诗歌的考察中，不得不考虑到现代性的影响，而族群与区域地理恰恰是现代性的主要方案中被历史建构的概念，加之地理、族性已经内在于主体之中，将区域地理和族群文化的结合作为理论依据的落脚点和出发点，从而区别对待行为主体在特定的环境和文化状态下的生存状态、情感反应，从人的概念出发考察藏族诗人在汉语诗歌中对地域和族群的表述，对研究有实际意义。尤其是现代性在藏区发生以来，藏族人的传统认知受到了前所未有的冲击，加之自身由于知识储备不足而走向盲目吸收，由此带来的后果及影响也恰恰是藏族汉语诗歌在当下的参照系。对于这一参照系的梳理与挖掘，究其根本是探讨藏族人的生存状态的目的，他们的幸福与欢乐，他们的人文精神是否得到关爱等。

概而观之，当代藏族汉语诗歌作为铸牢中华民族共同体意识的文学基础之一，对其的研究是应该以党的十九大报告中"全面贯彻党的民族政策，深化民族团结进步教育，铸牢中华民族共同体意识，加强各民族交往交融，促进各民族像石榴籽一样紧紧抱在一起，共同团结奋斗、共同繁荣发展"为背景依据，以诗歌自身元素的结构规范为标准，结合文化人类学、文化地理学、社会学、民族学对当代藏族汉语诗歌进行横向研究，用文化地理学、原型—神话、族裔本位性等专题形式探索当代藏族汉语诗歌中的诸种问题（如图2所示）。以期透过当代藏族汉语诗歌来反观少数民族文学发展中的相关问题，以及藏族及其他少数民族在当下是如何利用多元的文化背景和生活经验安顿自身的处境，如何通过言语去表征越来越复杂或陌生的情感体验及处理时代、诗人、诗歌之间的复杂关系等诸多问题，从而了解当代藏族汉语诗歌的创作话语趋向和特征，开启对藏族汉语诗歌乃至藏族文学内在机制的重新思考及其未来发展趋向的理论把捉。

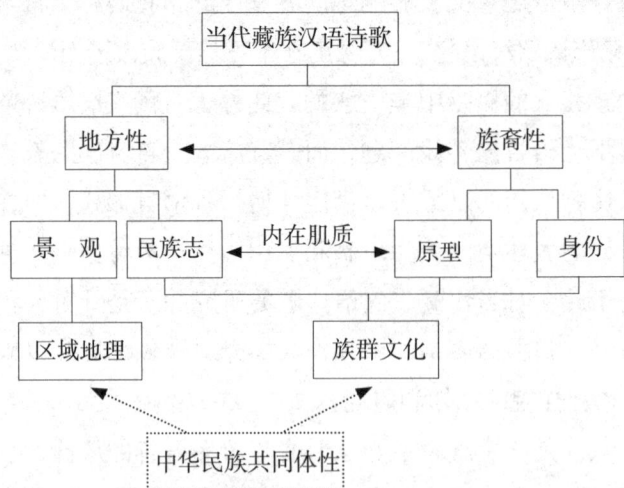

图2 当代藏族汉语诗歌中的诸种问题

参考文献

［1］［美］勒内·韦勒克，奥斯汀·沃伦.文学理论［M］.刘象愚，邢培明等译.江苏：江苏教育出版社，2005：44-48.

［2］李鸿然.中国当代少数民族文学史论［M］.昆明：云南教育出版社，2004：10.

［3］中国社会科学院民族研究所.斯大林论民族问题［M］.北京：民族出版社，1990：28.

［4］马戎.民族社会学导论［M］.北京：北京大学出版社，2005：22-23.

［5］［美］本尼迪克特·安德森.想象的共同体——民族主义的起源与散步（增订版）［M］.
　　吴叡人译.上海：上海世纪出版社，2012：8.

［6］［英］埃里克·霍布斯鲍姆.民族与民族主义［M］.李金梅译.上海：上海人民出版社，
　　2011：6.

［7］［英］斯蒂夫·芬顿.族性［M］.劳焕强等译.北京：中央民族大学出版社，2009：68.

［8］马戎.民族社会学导论［M］.北京：北京大学出版社，2005：24-26.

［9］刘福春.中国新诗总系（史料卷）.北京：人民文学出版社，2011：586.

［10］［英］凯·安德森，史蒂夫·派尔，莫娜·多莫什.文化地理学手册［M］.北京：商务印书馆，
　　　2009：415.

［11］［英］凯·安德森，史蒂夫·派尔，莫娜·多莫什.文化地理学手册［M］.北京：商务印书馆，
　　　2009：797.

［12］刘恪.词语诗学·复眼［M］.开封：河南大学出版社，2008：157.

［13］［英］斯蒂夫·芬顿.族性［M］.劳焕强等译.北京：中央民族大学出版社，2009：68.

［14］中共中央宣传部.习近平新时代中国特色社会主义思想学习纲要［M］.北京：学习出版社，
　　　2019.

［15］张声作.宗教与民族［M］.北京：中国社会科学出版社，1997.

［16］李云忠.中国少数民族现代当代文学概论［M］.沈阳：辽宁民族出版社，2006.

［17］常文昌，唐欣.纸上的敦煌——新时期以来中国西部诗歌研究［M］.北京：中国人民大
　　　学出版社，2009.

［18］耿予方.藏族当代文学［M］.北京：中国藏学出版社，1994.

［19］马学良.藏族文学史［M］.成都：四川民族出版社，1994.

［20］徐新建.横断走廊：高原山地的生态与族群［M］.昆明：云南教育出版社，2008.

路径探索

民族团结进步创建事业中的"青海经验"

张兴年 *

摘　要： 2019 年 10 月 23 日，中共中央办公厅、国务院办公厅印发的《关于全面深入持久开展民族团结进步创建工作铸牢中华民族共同体意识的意见》指出：中华民族共同体意识是国家统一之基、民族团结之本、精神力量之魂。2019 年 11 月，为了及时向其他民族地区介绍"青海经验"，青海民族大学受青海省委统战部委托，启动"一把手工程"，组织人力物力，深入青海各地，分 8 个调查组，分别调查总结自"民族团结进步创建事业"中的"青海经验"，本文就是在这次大规模调查活动的基础上逐渐形成加强党的领导、注重依法治理、切实改善民生、加强宗教管理、肩负生态责任、加强法治建设、注重典型引领、抓好阵地建设 8 条行之有效，值得推广的"青海经验"，在更高层次、更高水平、更广领域纵深推进民族团结进步示范省建设，进一步推动民族团结进步事业创新发展，始终走在全国前列，其民族团结进步创建工作先后得到了李克强、俞正声同志的肯定，形成了民族团结创建事业中特色鲜明的"青海经验"。

关键词： 民族团结进步；青海经验

　　青海省多民族聚居、多宗教并存、多元文化共融。在漫长的历史进程中，各民族密切交往、和睦共存，创造了独特的高原文化，书写了共同团结奋斗的青海历史，是中华民族多元一体的缩影。全省现有 55 个民族，少数民族占总人口的47.71%；有 6 个自治州、7 个自治县、28 个民族乡，民族区域自治面积达 98%，是全国少数民族人口占比最高和民族区域自治面积最大的省份，是西藏之外最大的藏区，是连藏络疆的战略要地。全省五大宗教俱全，藏传佛教和伊斯兰教影响深远。特殊省情决定民族团结进步创建是青海迫切的现实需要，具有全局性、战略性和牵引性。在青海，不谋民族工作，不足以谋全局。大力推进民族团结进步

---

* 张兴年（1973—　）男，汉族，青海西宁人，教授，政治学、中外政治制度方向。

事业创新发展，建设全国民族团结进步示范省的战略部署，符合当前青海基本省情和现实需要，符合全省各族人民的共同愿望和根本利益。

2019年是中华人民共和国成立70周年、青海解放70周年，是全面建成小康社会的关键之年。省委省政府坚决贯彻落实习近平总书记关于民族工作的重要论述和中央关于民族工作的一系列重大决策部署，聚全省之力深入推动民族团结进步创建，全力打造新时代全国民族团结进步的"青海样板"，在全国率先实现"三个第一"，分别为：第一个所有市州（共8个）建成全国民族团结进步示范的省；第一个建成全国民族团结进步示范县市区数量过半（共23个）的省；第一个一次性荣获全国民族团结进步模范集体县市区数量最多（共10个）的省，民族团结进步事业走在了全国前列。正如北京的专家评价的："青海民族团结进步创建已经成为全省上下、各族各界群众的共同意识和自觉行动。" 2019年7月，中共中央政治局常委、全国政协主席汪洋在青海调研时，对青海民族团结进步创建工作所取得的成绩给予了充分肯定，并提出更高的要求："推动民族工作创新发展，积极创造各民族共居共学共事共乐的条件，实现更大范围、更广领域、更深层次的交往交流交融，努力探索出更多民族团结进步新鲜经验。"

一、民族团结进步创建工作整体情况

在省委省政府的坚强领导下，以习近平新时代中国特色社会主义思想为指引，深入贯彻党的十九大及历次全会精神，认真贯彻落实中央和省委的决策部署，以"中华民族一家亲、同心共筑中国梦"为总目标，以铸牢中华民族共同体意识为根本方向，以加强各民族交往交流交融为根本途径，深入推进民族团结进步创建，精心谋划，突出重点，综合施策，高位推进，民族团结进步事业取得显著成效，呈现出人心凝聚、经济发展、民生改善、文化繁荣、宗教和顺、社会和谐的良好局面。

以完善机制为保障提档升级。省委十三届七次全会作出创建全国民族团结进步示范省的战略部署，研究制定实施意见，把创建工作作为全省战略任务来抓，进一步健全完善各项机制，推动新时代创建工作提档升级，确保民族团结进步事业始终走在全国前列。省十三届人大常委会第九次会议通过了《青海省促进民族团结进步条例》，是青海省第一部以促进民族团结进步为宗旨的地方性法规，在青海民族团结进步创建工作中具有里程碑意义，为进一步推动民族团结进步创建提供了法治保障。出台《民族团结进步创建示范单位和先进单位动态管理办法（试行）》，对示范地区和先进单位以三年为周期，实施复检复验、动态调整、优续劣汰，进一步树立创建永远在路上的正向牵引导向，防止"牌子到手、创建到头"，促进创建活动常态化、规范化、制度化。首次对 21 个全国、全省民族团结进步示范和先进单位进行复检复验。《中国民族报》头版刊发省委常委、统战部部长公保扎西关于《动态管理办法》的专访报道，《青海日报》全文刊登《动态管理办法》，进一步扩大了创建工作的影响力。把民族团结进步创建工作专项考核纳入全省目标责任（绩效）考核中，同步考核、分类奖励，进一步激发了全省各族干部职工的积极性和主动性，始终保持了持久发力、争先创优的强劲势头。

以省部共建为平台融入国家战略。围绕落实国家民委和省政府签署的《建设民族团结进步大省合作协议》，细化 37 项重点任务，印发《建设民族团结进步大省合作协议分工方案》，逐项明确牵头单位和责任单位，分工推进抓落实。近年来，在全国两会期间，省委省政府主要领导专门赴国家民委衔接协调，召开座谈会，通报青海工作，就支持青海民族团结进步事业达成共识，在扩大藏区扶持范围、推进民族团结进步创建、制定促进民族团结进步条例、开展重大活动等方面得到国家层面的支持，推动青海创建主动融入国家战略。国家民委先后在海西州召开了"全国民族自治州脱贫攻坚奔小康现场经验会"，总结推广青海民族自治州脱贫攻坚的有益做法和经验；在海南州召开了"全国藏区职业教育发展经验交流会"，总结推广青海民族职业教育的成功做法；在海东市召开了"全国人口较少民族脱贫攻坚奔小康现场推进会"，总结推广青海土族、撒拉族实现"两个率先"的亮点和经验，进一步加快推进人口较少民族地区与全国一道实现小康。在我省召开的全国性会议上，全国政协副主席、中央统战部副部长、国家民委主任巴特尔亲临指导，给予肯定。

以重大活动为依托凝心聚力。结合庆祝新中国成立 70 周年和青海解放 70 周年，11 月 1 日至 11 月 9 日，在北京民族文化宫成功举办"大美青海建国七十周年青海民族自治地方发展成就展"，通过实物照片、文件资料、音视频资料、文艺演出、产品推介等形式，全面生动地展现 70 年来青海民族地区经济社会事业发展的巨大成就和丰硕成果，全国政协副主席、中央统战部副部长、国家民委主任巴特尔参观成就展，省委书记王建军、省长刘宁出席开幕式，来自首都各族各界约 2 万人（次）参观展览，展示青海民族团结进步的生动故事，展现昂扬向上的新青海精神。省委、省政府召开中华人民共和国成立 70 周年和青海解放 70 周年青海民族工作座谈会，省委常委、统战部部长公保扎西出席讲话，回顾 70 年我省民族工作历程，总结工作经验，对进一步做好新时代民族工作提出明确要求。组织我省全国民族团结进步模范集体和个人代表，赴北京参加全国民族团结进步表彰大会和庆祝国庆 70 周年系列活动。组织我省代表团参加第十一届全国少数民族传统体育运动会并再创佳绩，展示我省少数民族体育文化的特色、风采、民族体育精神，展现各民族共同团结进步、共同繁荣发展精神风貌。

以宣传教育强化思想引领。始终坚持在各族干部群众中宣传"三个离不开""五个认同"思想,把民族团结进步教育纳入干部教育、学校教育和社会教育内容,连续 30 年开展民族团结进步宣传月活动,编印 300 多万份宣传读本,在主流媒体开设《民族团结一家亲》等专栏,通过马背宣讲队、百姓大篷车、主题论坛、知识竞赛等群众喜闻乐见的形式开展主题宣讲,举办"民族团结杯"2019 中国好声音青海赛区"五四专场赛"等群众性文艺活动,组织开展全国媒体基层行和藏区行活动,多角度宣传民族团结进步创建鲜活事例,讲好民族团结进步故事,传唱民族团结进步歌曲,在全社会营造了民族团结进步浓厚氛围。把网络舆论阵地作为推动民族团结进步创建的重要环节,充分利用网站、新媒体和"两微一端"等平台,积极推进"互联网+民族团结"行动,促进各民族文化交流互鉴,使民族团结进步理念深入家家户户、覆盖方方面面,"中华民族一家亲、同心共筑中国梦"成为各族干部群众的共同价值追求,不断铸牢了中华民族共同体意识。2019 年 5 月,在北京省部级干部民族宗教工作专题研讨班上,省委常委、统战部部长公保扎西介绍交流青海深化民族团结进步创建,铸牢中华民族共同体意识的体会时指出:"民族团结是各族人民的生命线,促进民族之间团结互助,让各民族在祖国大家庭中共同奋斗、共同繁荣,共建共治、共享发展成果,从而发自内心做到'五个认同',自觉维护祖国统一、自觉维护民族团结。"

以文化引领共筑精神家园。突出中华文化认同,弘扬优秀民族文化,扎实推进藏族文化(玉树)、热贡文化(黄南)、格萨尔文化(果洛)等国家级文化生态保护实验区建设,积极推动省级德都蒙古族文化(海西)、土族文化(互助)、撒拉族文化(循化)生态保护实验区建设,全省世居少数民族地区传统文化全部得到整体性保护。加快"唐蕃古道""茶马互市"的申遗工作,继续精心打造黄南热贡艺术、果洛格萨尔、玉树土风歌舞等特色民族文化品牌,厚植各民族团结融合、多元一体的精神内涵。举办"青海年·醉海东"民族团结进步主题活动、"红色文化润江源,民族团结谱新歌"玉树州文史展、热贡唐卡博览会、"五彩神箭杯"国际射箭邀请赛、青海马背藏戏展演等一系列特色民族文化活动,推出了《多彩果洛》《魂系金银滩》《情聚柴达木》《热贡神韵》等一批本土优秀民族文艺作品,原创民族舞剧《唐卡》在全国各地成功巡演,创作《拉面哥变奏曲》《喜看班彦新面貌》《青海少数民族金石录》等一批优秀文化作品,"民族团结杯"群众性文化活动蓬勃开展,进一步引领群众思想、凝聚民心民智,唱响了国家富强好、民族团结好的时代主旋律。举办第二届全省"民族团结进步"刺绣展暨刺绣大赛活动,来自全省 755 名各民族优秀刺绣艺人,现场集中展示了青海河湟刺绣、土族盘绣、堆绣、皮绣等各民族刺绣工艺，探索了一条以民族团结进步创建搭建文化旅游脱贫相互融合平台，充分展现了各族刺绣艺人追求美好生活、共建美好家园的精神风貌。

以夯实基础促进共建共享。把创建作为最重要的群众工作，突出人民主体地位，推进民族团结进步创建进家庭，激发民族团结进步创建的社会细胞，使民族团结成为每个家庭成员的自觉行动和精神追求；进社区，推动建立嵌入式的社会结构和社会环境，创造各民族共居共学共事共乐的社会条件，构建手足相亲、守望相助的幸福家园；进乡村，推动乡村振兴战略，促进乡村精神文明建设，经常性开展群众性创建活动，落实党的民族政策和惠民措施；进学校，民族团结教育进课堂、进头脑，使各民族学生从小牢固树立正确的祖国观、历史观、民族观和文化观。开展大中小学生赴外地交流和手拉手活动，促进各民族学生相互交往、交流、交融，增进胸怀伟大祖国和各民族一家亲的情感纽带；进机关，面向各民族提供公共服务，提供特殊需求，防止歧视少数民族感情的现象发生，保障各民族的合法权益，提升各民族的获得感；进企业，引导各类企业参与民族地区脱贫攻坚，深入开展"百企帮百村""百企联百户"活动，以实际行动为各民族共同繁荣发展做贡献；进寺院，以创建"和谐寺观教堂"为载体，使广大宗教教职人员牢固树立爱国爱教、守法持戒思想，引导宗教与社会主义社会相适应；进军营，以"六联建"为载体，深化军民鱼水情，促进军民融合发展。针对分布在全国277座城市20余万少数民族"拉面人"创业大军，与18个省市建立流动人口服务管理协调机制，设立88个办事机构，把民族团结进步创建的阵地延伸到"拉面人"中，定期宣讲民族政策，提供法律服务，解决就学融资等实际困难问题。民族团结进步创建深入基层、融入群众，形成共创共建共享的生动局面。

一年来的创建工作实践，总结推广"班玛经验升级版""枫桥经验玉树版"，探索具有青海特点的治藏方式；进一步加强寺院管理，建立了"三种模式"的寺院管理长效机制；坚持问题导向，建立起基层社会治理的有效方式；坚持"小财政办大民生"，民族团结进步的红利惠及各族群众；坚持创建"八进"（进家庭、社区、乡村、学校、机关、企业、寺院、军营）活动，夯实创建工作的基层基础；坚持宣传教育引导，铸牢中华民族共同体意识；坚持实施"民族团结进步+"融合发展行动，推进创建工作人文化、大众化、实体化进程，民族团结进步创建取得了显著成效，打造了新时代创建工作的"青海样板"。

青海省委书记王建军在接受《中国民族报》专门采访时指出："民族团结进步创建是青海最大的省情，是青海的重要工作。青海创建工作取得的成绩，我们最大的体会是，得益于习近平总书记关于民族工作一系列重大决策部署在青海的落地生根；得益于我们坚定不移贯彻习近平总书记治藏稳藏兴藏方略的政治自觉、政治担当、政治作为；得益于我们认真贯彻落实新时代党的民族政策，深化民族团结进步教育；得益于我们在实践中有效加强各民族交往交流交融，促进各民族像石榴籽一样紧紧拥抱在一起，谱写了'中华民族一家亲、同心共筑中国梦'青海篇章。"

二、民族团结进步创建经验

2019 年，全省民族团结进步创建以推动基层社会治理、依法加强宗教事务管理、保障和改善民生等重点领域，注重创新，与时俱进，积极实践，探索具有青海特色的民族团结进步创建品牌，收到明显成效。从 2017 年起连续 3 年在全国民族团结进步创建示范区和示范单位评选中名列前茅，开创了民族团结进步创建工作的新局面。

（一）加强党的领导，为民族团结进步创建提供坚强政治保证

民族团结进步事业是凝聚人心、汇集力量的政治工程，是铸牢中华民族共同体意识的全民行动，是打基础固根本的千秋伟业。民族工作能不能做好，最根本的是党的领导是不是坚强有力。做好民族工作关键在党、基础在人。只有始终坚持中国共产党的领导，坚持走中国特色社会主义道路，才能汇聚起"中华民族一家亲、同心共筑中国梦"的磅礴力量。多年来，我省民族团结进步创建工作始终坚持在党委的主导下进行，坚持把创建作为战略性、基础性和长远性工作，始终坚持从政治上把握民族关系、看待民族问题，将党的领导贯穿于民族工作的全过程，不断提高民族工作的政治站位，成立了以省委书记为组长的领导机构，建立了省州县乡四级党委书记负总责亲自抓的领导体制，省委出台实施纲要和指导性文件，实施"一把手"工程，形成了党委主导、政府负责、各方参与、齐抓共管的创建体制，在全国开创了党委总揽创建先例，始终保持了高站位谋划、高起点推动的良好态势。

以玉树藏族自治州为例，州委州政府将民族团结进步创建作为党建的重要内容，实行人员、资金、政策向基层倾斜，建立健全基层党政组织、群团组织、群众自治组织、政法综治组织的网络，以扁平化方式将党支部建立在网格、楼院及马背上，推行"一职九联"等措施，确保基层党的建设与民族团结进步创建相衔接、相融合，在全省藏区率先建立州、县"三基"干部学院，着力培养"听党话、跟党走，能干事、敢担当"的基层干部队伍，以党建促创建，以创建夯基础。同时，建立健全"村党支部＋党员中心户＋党员＋村民"的农牧区党组织服务网络，强

化村（社区）党组织的主导地位，村级党组织牢牢掌握"话语权"和"主导权"，有效解决了宗教和宗族势力干预村级事务的问题，从根本上引领和保证创建工作的政治方向，进一步夯实了党在民族地区的思想基础、群众基础和执政基础。

（二）注重依法治理，不断推进民族地区治理能力现代化

衡量一个地区民族团结进步创建效果的一项重要指标，就是这个地区社会治理的成效如何。全省各地积极创新管理模式，努力提高治理水平，依法解决社会突出问题和矛盾纠纷，大力化解潜在风险隐患，建立完善的责任体系和工作制度，持续推进社会治理重心和资源的下移，创新基层社会治理方式方法，不断推进民族地区治理能力和水平现代化。

持续开展法律宣传教育。组织开展"寺院法治宣传月""宪法宣传周"、宪法法治文化基层行等主题宣传活动，大力宣传《宪法》《民族区域自治法》《青海省促进民族团结进步条例》等法律法规，引导各族干部群众尊法学法守法用法。启动《青海省宗教事务条例》修订工作，制定出台《青海省穆斯林朝觐事务管理办法》等制度法规，为依法治理民族宗教事务提供法制保障。扎实开展寺院法制宣传月活动，组织宣讲组231个，深入寺院1343座，举办各类法治培训班669场（次），召开座谈会548场（次），走访僧尼2万余人（次），发放宣传资料12.27万册（套），受教育教职人员5.4万人（次），宣传覆盖面达96%。首家省级法治宣传进寺院示范基地在果洛州甘德县隆恩寺挂牌。

大力推动矛盾纠纷排查化解。坚持抓苗头、抓隐患、抓源头，建立重大风险评估、纠纷调解、毗邻地区协作和基层多元化解等长效机制，建立5800多个基层调解组织，持续推进社会稳定风险评估，严格落实重大事项、重大决策"应评尽评"和稳评项目报备、季度通报制度，共稳评事项357项，准予实施356项，暂缓实施1项，从源头上预防和规避了重大矛盾发生。组织开展"大走访、大排查、大调研"活动，坚持3月开展矛盾纠纷排查化解月活动，先后排查化解各类矛盾纠纷20830件，化解率达96.8%。特别是围绕庆祝新中国成立70周年大庆，8—9月在全省集中开展影响社会稳定重大问题排查化解工作，加强交办督办，逐人逐事化解，有力推动了矛盾问题的源头化解，先后排查各类影响社会稳定的重大矛盾纠纷1247件，化解1138件，化解率为91.26%，尚未化解的全部落实稳控责任，确保可防可控。推进平安建设基层典型培育，形成了西宁市"1496"矛盾调处驿站、平安区"群众说点事"、乐都区"民情沟通日"、海南州"三五小区建设"、黄南州"同仁做法"等一批"枫桥经验"青海化实践的典型样板。不断完善公共法律服务体系建设，全省75%的市州、97.8%的县区市、95%的乡镇、75%的村建成实体平台，不断

深化了平安法治建设。

不断强化基层社区治理。深入推进扫黑除恶专项斗争,扎实开展"打伞破网""打财断血",对扫黑除恶中暴露出的社会治理短板进行为期半年的集中整治和综合整治,侦办涉黑涉恶团伙案件109件,破获刑事案件902起,批捕593人。持续打造"班玛经验升级版",持续深入推进专项治理,加强重点乡镇综合整治、重点地区和重点部位集中整治、非法组织和非法入境人员清理整顿,持续整顿软弱涣散基层党支部399个,成功化解了长达十几年的黄南州、海东市、海南州地界纠纷,各族群众共吃团结饭、同栽团结树,确保了区域社会和谐稳定。以实施"平安与振兴工程"为抓手,推动交界地区社会治理,巩固平安边界创建成果,促进民族团结进步,先后签订跨省区友好协议11个,果洛和黄南州、县与省内外相邻的13个县、18个乡镇、143个村结成民族团结进步友好对子,建立定期联系交流机制,着力构建共建共享共治的边界治理格局。积极在转变公共管理体制上进行创新性的探索,不断推动社会治理重心下移,将资源、管理放在基层,使基层有人有钱有物,保证基层权利给基层,基层事情基层办,充分尊重群众的主体地位、发挥群众的主体作用。

丰富社区治理模式。按照省委"一优两高"战略部署要求,以打造全省各族群众共有共享的生活为己任,将民族工作作为社区工作的重要组成部分,积极建立社区民族之家,在少数民族聚居社区建立少数民族服务窗口、日间照料室、文体活动室、民族宣传展室等,广泛发动人大代表、政协委员、企业家等社会各界人士参与社区建设,对少数民族困难群众开展救助帮扶。强化公共服务是社会治理的理念,巩固各民族和睦发展的基础,坚持重在基层、重在平时,重在服务、重在群众,确保民族团结进步创建工作落地生根。例如,西宁市以"西宁稳则全省安"的全局意识,推进乡镇(街道)、村(社区)综治中心(网格化服务管理中心)建设实体化和规范化运行,着力打造"综治中心 + 网格化 + 综治业务信息化 + 雪亮工程"的基层社会治理模式。并探索建立第三方参与的矛盾调处化解机制,通过设立"两代表一委员"、调解服务中心等,妥善处置城市建设过程中征地、拆迁工作引发的矛盾纠纷,切实提高人民群众安全感和满意度。玉树藏族自治州持续探索"村寺并联"模式,果洛藏族自治州健全网格化管理,实施"藏区村警"参与乡村治理模式等,保持了社会大局稳定。一些地区构建五位一体(基层党建 + 生态管护 + 精准脱贫 + 社会治理 + 民族团结)的网格管理模式,创新"权责挂钩、奖惩挂钩"的动态管护机制,走出了一条"一岗多责、效能统一,多业并举、管治融合"的基层治理路子。

（三）切实改善民生，着力提升各族群众的获得感和幸福感

各民族对美好生活的向往是民族团结进步事业的奋斗目标，是民族团结进步创建的出发点和落脚点。"民族地区的发展，离不开保障和改善民生这项基础性工作。"保障和改善民生既是民族地区发展的首要任务，更是做好民族工作，凝聚人心的重大举措。创建工作始终以人民为中心，全力实施"民族团结进步+"深度融合发展行动，把民族团结进步与文化旅游、脱贫攻坚、教育卫生、生态建设等各项事业有机融合，充分体现民族团结进步创建的社会价值、文化价值和生态价值，助推民族地区加快发展，助力民族地区改善民生、脱贫致富奔小康。

不断完善社会保障体系。持续增加对民政事业的投入，城乡社会救助工作体系规范化、制度化，城乡低保实现全面覆盖；施行"定期定量"救助，将农村低保工作进行定位，增加识别对象的科学性，民政救助量增长；通过积极落实省级少数民族发展资金，推动少数民族聚居地方的经济发展；做好重要民生商品保供稳价，执行好社会救助和保障标准与物价上涨挂钩联动机制，保障困难群众基本生活；通过简化救助申请程序，将外来搬迁户及非本地户籍人员纳入低保范围，特困户供养工作实现"应保尽保"，住养条件得到明显改善；敬老院服务功能得到不断拓展；在全国率先组建市县乡村紧密型四级医联体，从根本上解决"分级诊疗、双向转诊"的问题，实现了基本公共卫生和基本医疗服务全覆盖。坚持优先发展教育，城乡义务教育集团化办学实现全覆盖。建立覆盖学前教育到高等教育的资助体系，对少数民族学生与汉族学生实现统一管理、统一编班、统一教学，享受同等待遇。大力发展职业教育，培养大批少数民族技能型适用人才。民生领域实现"幼有所育、学有所教、劳有所得、病有所医、老有所养、住有所居、弱有所扶"。

加快民族地区脱贫步伐。坚持民族团结进步与脱贫攻坚、乡村振兴等战略紧密结合，深入实施"十三五"《人口较少民族发展规划》《少数民族特色村镇建设规划》，扶持土族、撒拉族两个青海独有人口较少民族率先整体脱贫。连续两年举办"民族团结进步"刺绣大赛活动，使30万绣娘指尖上的技艺成为传承文化、脱贫致富的新兴产业。对此，省政府将打造提升"青绣"品牌写入2019年政府工作报告，进一步扩大"青绣"的影响力，成为展示民族团结进步、特色民族文化的"闪亮品牌"，汇集起各民族绣娘"指尖技艺"磅礴力量，加快"巧手脱贫"步伐。着力打造"青绣""藏毯""清真食品"特色文化产业，助推民族地区经济发展。例如，贵南县仁青藏文化艺术开发公司打造集餐饮、住宿、娱乐、歌舞及旅游于一体的民族特色文化产业园，年接待游客1.2万人次，年收入超过1000万元；玉树藏族自治州投资启动非遗文化、特色产品等研发项目，重点开展"安冲藏刀"

"囊谦黑陶""嘛呢石刻""手工编织""唐卡绘制""佛教泥塑""民族服饰"等传统手工艺和民间工艺类项目的保护传承和开发经营。结合生态环境保护和治理，积极探索生态脱贫新路子，把生态保护与扶贫紧密结合，紧紧抓住国家加大生态保护和三江源国家公园试点的政策机遇，共设置9979名草原生态管护员岗位，7000名林业管护岗位，为园区内建档立卡贫困户家庭每户安排一名生态管护员，户均年收入达2.16万元，实现了生态保护和贫困户脱贫的"双赢"。

深入推进精神脱贫工作。制定《青海省精神脱贫工作方案》，出台30多个文件、200多条措施，着力减轻群众宗教负担。引导宗教团体和代表人士服务精准扶贫，开展"百僧联百户"活动，倡导节俭办教、义务为信众服务，减少宗教活动频次规模，有效降低信众宗教负担。积极开展乡村移风易俗活动，加大扶志扶智力度，倡导厚养薄葬、喜事新办、丧事简办，反对举债朝觐，积极引导群众摒弃陈规陋习过健康文明新生活。青海的探索做法得到中央领导的批示肯定。

（四）加强宗教管理，全力维护宗教领域和谐稳定

民族问题和宗教问题是当今世界的两大热点和难点问题。青海既是民族工作大省，又是宗教工作大省。我省全面落实党的民族宗教政策，始终坚持宗教的中国化方向，积极探索宗教与社会主义社会相适应的"青海路径"。

深入开展寺庙法治宣传教育。坚持开展以"爱国爱教、感恩守法"为主题的寺院法治宣传月和"4·15"国家安全教育进寺庙活动，大力宣传党的民族宗教政策和法律法规，举办各类培训班26期3500人次，座谈会37次，法治政策宣讲会720余次，不断增强宗教教职人员和信教群众爱国爱教、守法持戒意识。开展践行社会主义核心价值观，弘扬中华优秀传统文化暨第二届新编"卧尔兹"全省巡回宣讲活动，宣讲组深入19个县（市区）、60余座清真寺集中宣讲，为推动伊斯兰教中国化凝聚共识。深入开展"和谐寺观教堂"创建和"六个一"活动，落实寺院各项规章制度和维稳措施，坚决抵御境内外分裂势力渗透。针对伊斯兰教领域出现的"马有德偏激观点"造成的危害，及时采取有效措施进行专项治理，取得了初步成效。举办"藏传佛教论坛""阿訇论坛"，举办十世班禅爱国情怀展，召开十世班禅大师爱国思想研讨会，编辑出版《十世班禅大师的爱国主义思想》和《十世班禅大师画册》，组织宗教人员观看"爱国老人"喜饶嘉措大师爱国爱教事迹展，教育引导宗教人员高举爱国爱教旗帜，继承和弘扬爱国爱教的优良传统，积极引导宗教与社会主义社会相适应。

依法加强宗教事务管理。把宗教工作作为创建的重要内容，以藏传佛教和伊斯兰教为关键环节，突出依法治理，不断完善藏传佛教三种管理机制，推动部分

寺院由共管寺院转化为协管寺院，协管寺院转化为自管寺院，形成了转化提升、争创和谐的局面。在伊斯兰教领域建立了分层分级管理和动态调整机制，形成管理主体明确、纵向齐抓共管、横向联动协调的工作格局。召开"甘宁青宗教工作联席会议"，以"扎实推进新形势下的伊斯兰教工作"为主题，总结交流了三省区宗教管理工作经验，研究部署新形势下的宗教工作。做好朝觐工作，圆满完成2264名群众朝觐活动，实现了"政治人身财产安全"和"平安有序文明"的工作双目标。同时，严厉打击非法宗教活动、非法宗教宣传品、非法宗教网络传播，有效防范宗教极端思想的侵害。进一步加强宗教场所内部管理，完善财务管理、请销假管理、文物管理、消防安全等制度，强化宗教活动场所新建、改扩建和重建的审批管理制度，推动宗教活动制度化、规范化。

推进寺院公共服务全覆盖。开展"绿色寺庙"创建和寺庙道观地质灾害专项治理，投资594万元新建省级文物保护类藏传佛教寺庙消防水源，提高火灾应急处置能力。近年来，先后投资14亿元，实施寺院基础建设、宗教教职人员社会保障、宗教教职人员危房改造、寺院文物本体建筑抢救性保护、寺院危殿堂维修加固、寺院公共服务建设"六项工程"，实现寺院通路、通电、通水、通信的目标。推进宗教人员养老、卫生医疗、社会救济等公共服务。同时，加强宗教人员健康宣传教育，向广大宗教人员发放藏汉双语《健康教育手册》，免费进行健康检查和接种乙肝疫苗，提高了宗教人员的健康指数。通过实施惠寺惠僧公共服务政策措施，进一步增强了广大宗教人员和信教群众对党和政府的向心力。

加强宗教代表人士队伍建设。圆满完成全省性五个宗教团体换届工作，一批政治上靠得住、宗教上有造诣、品德上能服众、关键时起作用的中青年宗教界代表人士进入省级各宗教团体。继续实施宗教教职人员五年轮训工程，年内培训藏传佛教宗教教职人员1.2万人次，并组织宗教人员赴发达省市学习参观。举办第二届阿訇高级研修班、第34期阿訇进修班、基督教和天主教教职人员培训班等35期，培训教职人员1000人次，着力培养符合"四条标准"的新一代宗教代表人士。制定《关于进一步加强省藏语系佛学院规范化建设的意见》，推进佛学院二期建设工作，完成省经学院新建项目。

（五）扛起生态责任，为各民族构建绿色环境、探索绿色发展之路

青海省委省政府认真贯彻落实习近平生态文明思想和习近平总书记考察青海重要讲话精神，牢固树立"绿水青山就是金山银山"的生态理念，将生态文明建设放到关乎各族人民福祉与民族未来发展大计的高度，坚决扛起生态环境保护的政治责任，坚持以生态文明理念统领经济社会发展全局，确立了"生态立省，环

境优先"的发展战略，正确处理民族地区经济发展与生态环境保护的关系，为各
民族构建人与自然和谐相处的优美环境。

全面启动国家公园示范省建设。与国家林草局共同启动以国家公园为主体的
自然保护地体系示范省建设。成功举办首届国家公园论坛，习近平总书记发来贺信，
形成《西宁共识》重要成果，在国内外产生强烈反响。推动三江源、祁连山国家
公园试点向正式设园迈进。可可西里自然保护区被列为世界自然遗产地。实施了
三江源二期、祁连山、青海湖等重点生态工程，黑土滩治理区植被覆盖由治理前
不到 20% 增加到 80% 以上。完成营造林 1242 万亩，森林覆盖率提高到 7.26%，
草地植被覆盖率达到 56%，地表水质优良比例达到 94.7%，青海湖水域面积为 17
年来最大，三江源头现千湖美景，有效改善了区域气候和生态环境。

积极探索绿色发展新路子。建设国家清洁能源示范省，清洁能源发电量占比
达 90% 以上，"绿电 15 日"行动再创世界纪录。建设绿色有机农畜产品示范省，
高原绿色有机农畜产品培育、牦牛藏羊可追溯体系建设、农畜产品特色品牌打造
等取得实质性进展。大力开展"世界环境日""保护青海湖、我是志愿者"等生
态环境保护宣传教育，进一步在全社会形成了绿色生产、绿色生活、绿色消费的
态势。西宁作为唯一省会城市入选全国"无废城市"建设试点，果洛创建全域无
垃圾示范州，贵德被命名为国家级生态文明建设示范县。通过推动生态文明建设，
绿色成为大美青海最亮丽的底色。例如，西宁市立足生态文明建设排头兵的发展
定位，大力保护生态环境，优先加快水土流失治理步伐，充分发挥长期以来以小
流域为单元开展水土流失综合治理的优势，以乡村和水域周边为重点，统筹"护山、
治水、整田、造林、育草、美村"多种措施综合治理，带动流域特色产业融合发展，
努力追求山青、水净、村美、民富，进而实现"高原绿""西宁蓝""河湖清""一
芯两屏三廊道"的"蝶变"，全力打造了绿色发展、幸福西宁的样板城市。

（六）加强法治建设，为民族团结进步创建行稳致远"保驾护航"

习近平总书记指出："只有树立对法律的信仰，各族群众自觉按照法律办事，
民族团结才有保障，民族关系才会牢固。"[1] 坚持依法治理民族事务，是全面依法
治国的重要内容，也是开展民族团结进步工作的基本原则。青海省运用法治思维
和法治方式谋划和推进民族工作，制定促进民族团结进步的地方性法规，将民族
团结进步工作纳入法治化轨道，有力推动了青海民族团结进步事业健康发展。推

---

① 习近平：在中央民族工作会议暨国务院第六次全国民族团结进步表彰大会上的讲话 [N]．人
民日报，2014-09-28．

动民族团结进步法治化，已初步形成以《宪法》为基础，以贯彻《民族区域自治法》为核心，由地方性法规、行政规章及一系列规范性文件，构成了具有青海地方特点的民族工作法律法规体系。

2019年5月1日颁布施行的《青海省促进民族团结进步条例》，在高度总结青海省长期以来促进民族团结进步工作实践的基础上，将民族团结进步创建的成功经验上升为法律规章，确保民族团结进步工作有法可依、有章可循。高度重视自治地方法制建设，颁布实施了关于贯彻落实《民族区域自治法》的地方性法规、单行条例和政府规章，13个民族自治地方全部修订和完善了自治条例，6个自治州颁布实施了《民族团结进步条例》，民族法律法规进一步健全，为民族工作发展奠定了良好的法治基础。

（七）注重典型引领，树立民族团结进步创建的时代标杆

榜样的力量是无穷的。一个先进典型就是一面旗帜。2019年，评选西宁市兴海路街道办事处等28个集体、刘云军等23名个人为全国民族团结进步模范集体和个人，受到国务院的表彰，在全社会树立民族团结进步的时代标杆。加快推动民族团结进步由省级先进向国家级示范的创建进程，形成了以上率下、层层示范的"头雁效应"。目前，全省8个市州全部成功创建为全国示范地区，市州实现国家级示范全覆盖。全省34个先进县市区中创建为全国示范的达23个，占全省县市区的51.1%。全国示范单位29个，全国民族团结进步示范基地9个，命名全省青少年民族团结进步示范点30个。

"一花独放不是春，百花齐放春满园"，通过典型示范引领，在民族团结进步创建工作实践中，全省涌现出3500个基层先进典型，用身边的事教育引导身边的人，用先进典型事迹鼓舞各族干部群众学先进、赶先进、做先进，共同建设美丽新家园。例如，大通县朔北藏族乡边麻沟村通过民族团结进步创建，依托乡村旅游产业脱贫攻坚，将一个只有290户贫困人口的"穷山村"，变成了年接待旅游人数60万人次，人均收入1.5万元的"美丽乡村"。使这个藏、土、蒙、回等少数民族占比76%的贫困村，成了环境优美、乡风文明、民族团结的"先进典型村"，吸引全省各族干部群众学习取经，身临其境体验民族团结进步创建带来的新变化。

同时，在全社会大力弘扬"尕布龙赤子精神"，将牧民省长尕布龙"大公无私、一心为民，大爱无疆、清廉为民，大节无瑕、根植于民，大德无形、深情爱民"的光辉形象，搬上艺术舞台，拍成专题片，教育广大党员干部学习尕布龙无限忠诚的政治品格，敢于担当的责任意识，无私奉献的崇高品质，使尕布龙精神烛照各族干部"不忘初心、牢记使命"，在"共同团结奋斗、共同繁荣发展"的伟大实践中永放时代光芒。积极协调中央媒体加大对我省民族团结进步先进事迹的宣传报道力度，《光明日报内参》专刊报道了玉树骑兵连副连长尼都塔生一家四代始终拥护党的领导、维护民族团结的先进事迹，中央领导批示"唱响民族团结主旋律，值得肯定"。《让民族团结进步理念融入城市特质——青海省西宁市创建全国民族团结进步示范市的实践》案例成为我省唯一入选"贯彻落实习近平新时代中国特色社会主义思想、在改革发展稳定中攻坚克难案例"。《中国民族报》《民族画报》先后刊发海西州、黄南州等地区民族团结进步创建专刊，进一步激发了基层创建活力。《中国民族报》头版刊发青海省委书记王建军《坚定不移贯彻习近平总书记治藏稳藏兴藏方略、实现青海从人口小省向民族团结进步大省转变》专访报道。在《中国统一战线》《青海日报》刊登《牢记习总书记嘱托奋力担当责任使命扎扎实实推进民族团结进步大省建设》实践成果，进一步提升了青海创建工作的影响力和知名度。

（八）抓好阵地建设，构筑各民族共同团结进步的精神高地

精神是一个地区历史文化积淀的折射，也是这个地区源于历史、基于现实、引领未来的气质禀赋和核心理念。半个多世纪前升起的"蘑菇云"，不仅记录下了一项划时代的伟大壮举，也把热爱祖国、无私奉献、自力更生、艰苦奋斗、勇于攀登的"两弹一星"精神永久地镌刻在了青海大地上；被称为"青藏公路之父"的慕生忠，在财力匮乏、技术短缺、自然环境极其恶劣的情况下，带领 10 万军民，靠铁锹、钢钎等极为简陋的工具，仅用 7 个月零 4 天的时间，在"生命禁区"打通格尔木至拉萨的公路运输线，创造了世界公路史上的奇迹，结束了西藏没有公路的历史，在青藏线上矗立起高耸云天的"筑路精神"；在玉树艰苦卓绝的抗震救灾斗争中，全省上下形成了"大爱同心、坚韧不拔、挑战极限、感恩奋进"的"玉树抗震救灾精神"。在工作实践中，我们把这些宝贵的精神财富作为新青海建设的动力源泉，赋予时代新内涵，闪烁时代新光芒。全力打造集党性教育、爱国主义教育、民族团结进步教育为一体的教育示范基地，例如，海晏县"原子城"、格尔木"将军楼"、玉树"抗震救灾纪念馆"、班玛县"红军沟"、循化县"红光寺""红军小学"、称多县"通天河大桥"等，以实景、实例、实事、实物为主线，讲好民族团结青海故事、弘扬新青海精神。

总之，青海民族团结进步创建从先进区到示范省的转变提升中，我们的体会和经验是：必须顺势而为、加强领导，创建活动才能久久为功。立足青海省情，贯彻中央要求，总结多年创建经验，乘势而上，党委强化顶层设计把方向，"一把手"率先垂范抓落实，各部门群策群力同推进，始终使创建工作目标不偏移、

力度不松劲、成效不减弱。必须以问题为要、实干为本，创建活动才能务实推进。坚持问题导向，盯住影响民族团结进步的突出问题，采取务实有效举措，切实以解决问题的成效，建立推动创建活动的风向标、形成检验创建活动的标尺，始终使创建工作看得见、摸得着、实打实。必须以法为本、标本兼治，创建活动才能迈向法治化。把依法治理作为根本，依法建立寺院管理、基层治理、维护稳定的政策措施，整治基层乱象、清理整顿问题寺院，进一步增强依法治藏能力，彰显社会治理成效，始终使创建工作有法可依、依法推动。必须全员发力、全面覆盖，创建活动才能纵深推进。坚持分类指导、分层施策，推动创建活动融入社会各个领域，把各族群众、各行各业充分发动起来，实现共创共建共享，始终使创建工作赢得民心、凝聚合力、深入持久。

青海的民族团结，具有悠久的历史传统、深厚的文化底蕴。我们立足各民族多元一体的历史传统，正确处理多样性和一致性、差异性和共同性的辩证关系，把平等团结、互助友爱、和谐共存贯穿于创建全过程；始终秉持"共同"理念，围绕铸牢中华民族共同体意识，践行共同团结奋斗、共同繁荣发展；始终把民族团结作为各族人民的生命线，注重多元聚为一体，一体包容多元，各美其美、美美与共，凝聚团结合力，不断巩固和发展社会主义民族关系。正如外交部部长王毅在青海全球推介会上所指出的："（青海）千百年来汉、藏、蒙古、回等各族人民在这里携手相助，多元文化在这里并存融合，共同演绎了各民族团结奋斗的生动历史。"

参考文献

［1］以铸牢中华民族共同体意识为主线推动新时代党的民族工作高质量发展［N］.人民日报，2021-08-29.

［2］张继艳.推动文化自信与铸牢中华民族共同体意识"双向互动"［J］.广西民族师范学院学报，2021,38(03)：36-39.

［3］习近平.习近平谈治国理政［M］.北京：外文出版社，2020.

［4］习近平.习近平谈治国理政［M］.北京：外文出版社，2017.

［5］郝时远.文化自信、文化认同与铸牢中华民族共同体意识［J］.中南民族大学学报（人文社会科学版），2020，40（06）：1-10.

［6］董聪聪，高旭斌.中国特色社会主义文化建设重要论述研究［J］.边疆经济与文化，2021（10）：61-64.

［7］郭梦迪.文化自信与牢铸中华民族共同体意识研究［J］.智库时代，2019（24）：242-

243.

[8] 李树德.中华民族共同体意识的本质内涵及其建构[J].学校党建与思想教育,2021(19):93-96.

[9] 祖力亚提·司马义,高进.以铸牢中华民族共同体意识为主线不断推进中华民族共同体建设[J].贵州民族研究,2021,42(05):8-13.

[10] 陈纪,曾泓凯.论铸牢中华民族共同体意识的历史基础与实践目标[J].西南民族大学学报(人文社会科学版),2021,42(10):9-17.

[11] 詹小美,张梦媛.意蕴·赋意·举措:铸牢中华民族共同体意识的教育实践[J].云南社会科学,2021(06):25-31.

多元共生下青海民族团结进步创建工作的
实践及路径研究

羊　措*

摘　要： 本文立足于青海多民族聚居的实际，从青海民族团结进步创建工作的实践出发，结合历史与现状，面对新时期新形势下出现的各种纷繁复杂的民族问题，积极探寻新时代青海民族团结进步事业创新发展的途径和方法，以此进一步深化民族团结进步教育，铸牢中华民族共同体意识。

关键词： 青海；民族团结进步

　　青海作为我国西部省份之一，自古以来就是一个多民族聚居、多宗教并存、多文化交融的地区。世居在这里的有汉族、藏族、回族、土族、撒拉族、蒙古族六个民族。这里有 6 个自治州、7 个自治县、28 个民族乡，现有的少数民族人口占全省总人口的 47.71%，既是全国少数民族人口所占比例最高的省份，同时也是除西藏之外最大的涉藏地区。[1] 这一特殊省情也决定了维护各民族之间的团结，积极有效地开展民族工作对实现青海地区长期稳定，促进各民族共同团结奋斗、共同繁荣发展方面具有十分重要的地位和意义。青海省委、省政府以铸牢中华民族共同体意识作为当前民族工作主题主线，结合地方特点和实际因地制宜地开展多种形式的民族团结进步创建工作，深化民族团结宣传教育引导，将中华民族共同体意识深植于内心，全力打造凝聚人心、改善民生、发展经济、文化繁荣、社会稳定的民族团结进步示范大省。着眼新时代，把推进民族团结进步事业作为基础事业抓紧抓好，研究梳理青海民族团结工作的实践过程及未来的路径思考，对加快多民族共生地区发展，促进各民族交往、交流、交融等方面具有十分重要的现实意义与理论价值。

---

* 羊措（1979—　　），女，藏族，青海民族大学民族学与社会学学院副教授，博士研究生，主要研究方向为民族理论与民族政策。

一、回顾过往，青海民族团结工作取得的主要成就

新中国成立初期，青海省委、省政府在党和国家的领导下始终把维护国家统一和加强民族团结放在十分重要的地位。在当时的大环境下，民族工作的重中之重就是协调好省内各民族之间的关系，搞好各民族之间的团结。新中国成立以来，青海在加强民族团结进步工作方面做了大量积极而有成效的工作。

1. 积极宣传贯彻民族平等团结政策

青海解放后，中共青海省委、省政府把宣传、贯彻马克思主义的民族平等和民族团结政策放在各项工作的首位，采取一系列措施，做了大量艰苦细致、卓有成效的工作，使青海各民族实现了民族平等，形成了新型的社会主义民族关系。如针对青海有众多藏、回、蒙古等少数民族的实际，1949 年 9 月 28 日，中共青海省委发出第一个指示强调："凡做一件事情，解决一个问题，要照顾各民族的特点，宣传各民族间的友谊团结、宗教信仰自由。同时照顾各民族人民的共同利益，按一般人民的觉悟程度，逐渐提高，一个一个地解决问题，稳步前进，勿求速效。"[2]以此作为青海地区长期的工作方针步骤，针对藏族工作的方针：主张信教自由，信教不信教各随自愿，不得强迫人当喇嘛；利用上层，团结下层，逐步完成经济、政治的改造。[3]为了加强各民族团结，帮助人民政府巩固城市治安，西宁市东关回民区临时维持治安委员会及东关清真大寺董事会，推选马乐天先生为宣传主任，进行街头宣传党的民族政策。[4]1950 年 1 月 10 日至 15 日，西宁隆重召开了"青海省各族人民联谊会"，汉、藏、回、土、撒拉、蒙古等民族代表共 480 名出席会议，其中少数民族代表 310 名，占 64.6%。会议的中心内容是集中讨论民族团结、社会治安、发展牧区贸易三大问题，一致通过了《加强民族团结》《巩固社会治安》《发展民族贸易》三项议案。[5]此后，各州、县又都陆续召开了多次这样的民族联谊会，有力地推动了民族平等团结的实现和各项工作。为切实保障少数民族在地方各级政权机构中的平等权利，1950 年 6 月 12 日，省政府召开有关民族区域自治及联合政权问题的座谈会。会上讨论的其中一个中心问题就是民族聚居地区实行民族区域自治及民族杂居地区实行联合自治权办法问题。[6]使聚居和杂、散居少数民族得以行使当家做主的权利。1954 年《中华人民共和国宪法》颁行后，少数民族代表参加各级人民代表大会，积极参与管理国家大事，从政治体制上保障了民族平等团结政策的贯彻。

2. 建立了广泛的爱国统一战线

为进一步加强民族团结，调动一切可以调动的力量建设社会主义新青海，青

海省委、省政府非常重视建立广泛的爱国统一战线工作，争取团结一切有代表性的上层人物，通过召开各族各界人民联谊会，护送十世班禅返藏，特别是组建"青海劝和团"，为和平解放西藏做出了重要贡献。1949年年底，全国大部分地区已获得解放，为了加快西藏和平解放的进程，中共中央西北局、西北军区组建的入藏劝和代表团由西宁启程赴藏。1950年5月在西宁，塔尔寺的当才活佛任团长，带领夏日仓活佛、显灵呼图克图、格勒嘉措、迟玉锐等一行8人组成"青海省各寺院劝告和平解放西藏代表团"（简称"青海劝和团"），于同年7月从西宁出发，前往拉萨，对西藏地方政府进行宣传说服工作，促使西藏政府尽快派代表进京与中央人民政府举行和平解放西藏的谈判。除此之外，为了传达中央人民政府对少数民族的深切关怀，宣传民族政策，加强民族团结，政务院于1950年6月起陆续派出中央访问团到民族地区访问。例如，1950年10月29日至11月3日，访问团在沈钧儒团长的带领下来到青海，代表中央人民政府亲切慰问青海各族人民，赠送了绣有毛泽东主席题词"中华人民共和国各民族人民团结起来"的锦旗。[7]慰问团分赴农村牧区，传达党中央和中央人民政府对少数民族的关怀，并深入农家和牧民帐房，了解情况，倾听反映，反复宣讲党的民族政策，使民族平等团结政策深入人心。

3. 调解历史纠纷，疏通民族关系

由于历史上的一些遗留问题，在各民族之间和民族内部始终存在因各种利益而导致的纠纷。纠纷的内容有草山、土地、边界方面的，涉及生产生活各方面，其中以草山界限纠纷居多。这些纠纷的历史，短者数年，长者达一个世纪以上。一旦发生纠纷，则械斗不止，人畜伤亡惨重，有的竟死亡数百人，损失牲畜数万头，严重影响各民族之间和民族内部的和睦相处。[8]针对此民族问题，青海省各级党组织和人民政府，组织少数民族上层代表人物，和他们一起坚持遵循"从现状出发，照顾历史，照顾全局，同时特别照顾较少数的民族""有利于团结，有利于生产"和"双方自我检讨，互助互让，共同发展"的方针，进行了一系列艰苦细致的调解工作。如1951年1月5日，循化县人民政府公平合理地解决了藏族与撒拉族为争拉尕草山引起的民族纠纷。[9]同年7月1日，甘肃夏河甘加和青海同仁甲吾两藏族部落人民举行划界成功大会，两部落代表组成团结委员会，签订团结爱国公约。[10]又如1952年，从8月4日抵达查郎寺的果洛工作团为了稳定果洛地区的社会秩序，深入实际调查研究，按照团结互让、公平合理、既往不咎和适当照顾旧理旧规的原则，先后召开了民族联谊会和群众性团结大会，调解大小纠纷38起，其中持续多年，死亡55人、伤残77人、损失牲畜数万头的9起大的沉积械斗纠纷，得到妥善解决，促进了各部落间的团结，安定了社会秩序。[11]在20世纪50年代经过一系列认真调查研究，耐心说服，互谅互让，开团结会等工作，调解处理了大量历史遗留下来的民族纠纷。从而疏通了民族关系，消除了民族隔阂，增强了民族之间彼此尊重和信任的关系。

纵观上述，青海在新中国成立初期根据当时的民族状况和复杂的民族关系，在宣传民族平等团结政策和疏通民族关系方面做了大量工作，为青海各民族在之后的交往、交流、交融和平等发展中奠定了良好的社会基础。

二、新时期青海民族团结进步创建工作的探索与实践

民族团结工作来自长期的历史实践，从中华人民共和国成立之后以坚持民族平等团结政策为主的教育和宣传，到积极探索推进民族团结进步事业的发展、创建和深化，经历了一系列与时俱进的创新举措。进入新时代，青海省委、省政府认真贯彻习近平总书记"在青海，不谋民族工作，不足以谋全局"的重要指示精神，紧系"中华民族一家亲，同心共筑中国梦"的总目标，以铸牢中华民族共同体意识为当前民族工作主题主线，先后印发《青海省创建民族团结进步先进区实施纲要》《关于进一步深入推进民族团结进步先进区建设的实施意见》及《青海省促进民族团结进步条例》等，积极推动全省民族团结进步创建取得新进展。省委十二届七次全会作出创建全国民族团结进步示范省的战略部署，把民族团结进步创建工作作为全省战略任务来抓，进一步健全完善各项工作机制，推动新时代民团结进步事业始终走在全国前列。

随着时代的变化和形势的发展，青海民族团结工作在实践过程中主要表现在以下几个方面。

1. 民族团结进步先进区建设工作扎实，步步深化

民族团结进步创建是在中国共产党的领导下，以各民族群众为主体，通过巩固和加强社会主义民族关系的综合举措，促进各民族交往、交流、交融，铸牢中华民族共同体意识，创造性推动我国民族团结进步事业的实践进程。[12] 开展民族团结进步实践活动是做好民族工作，解决好当前民族问题的重要内容。青海是一个典型民族省，许多少数民族聚居区与汉族或其他民族交错杂居、相互依存，做好民族团结进步工作对青海省的稳定与发展至关重要。自 1983 年起，青海持续开展"民族团结进步宣传月"活动，并在 2003 年将其提升为民族团结进步创建活动。2013 年，青海省委着眼新形势的发展，作出创建民族团结进步先进区的战略部署，并指导 6 个民族自治州出台《民族团结进步条例》，13 个民族自治地方全部修订和完善了自治条例。与此同时，注重发挥基层和群众的创建主体作用，出台《关

于推进民族团结进步先进区创建活动实施方案》，深入开展创建"十进"活动（进家庭、社区、乡村、学校、机关、企业、寺院、军营、市场、网络）。[13]以海北藏族自治州为例，这里生活有藏族、汉族、回族、蒙古族等 27 个民族，其中少数民族 18.75 万人，占总人口的 69% 左右。[14]海北州自 1978 年开始民族团结进步宣传教育活动以来，连续 40 余年坚持不懈地开展多种形式的民族团结进步创建活动。尤其是 2013 年，海北州成功入选国家民委组织开展的首批 13 个创建全国民族团结进步示范州（地、市、盟）试点之一后，全州从多民族、多宗教的州情实际出发，紧紧围绕民族工作"两个共同"主题，把民族工作融入全州工作大局中常抓不懈，通过创建长效机制、宣传引领和创新载体等方式，不断充实民族团结内容、改进民族团结教育的手段和创新民族团结的载体，持续推进"七进课堂、六进寺院、五进农牧区、四进社区"活动，拓宽民族团结宣传教育的覆盖面。与此同时，把提高民族事务的管理能力作为主要手段，创新宗教管理模式，推进宗教工作的和谐发展。[15]各民族自治地方积极通过各种方式和载体在全体成员中增强民族团结进步创建活动的吸引力和感染力，形成各族群众积极参与、各民族和睦共处、各种宗教和谐发展的良好局面。

2. 城市社区民族团结工作有序开展，各民族群众幸福指数不断增强

当前，随着城镇化、市场化进程的逐步加快，少数民族流动人口进入城市生活、学习、就业、谋生、寻找发展机会等的趋势逐年上升。习近平总书记在中央民族工作会议上指出："改革开放以来，我国进入了各民族跨区域大流动的活跃期，做好城市民族工作越来越重要。要把着力点放在社区，推动建立相互嵌入的社会结构和社区环境。"[16]青海省委、省政府牢牢把握人民日益增长的美好生活需要和不平衡不充分的发展之间的矛盾，用新发展理念推动经济社会发展，各族群众获得感幸福感不断增强。近年来，6 个民族自治州经济平均发展速度达到 10.3%。[17]在交通、住房、水利、生态、扶贫、教育、公共服务、就业及社会保障等方面坚持以人民为中心的发展思想，不断改善各族群众的民生福祉。随着青海地方经济的发展，各民族之间的交往接触愈加频繁密切，因工作、学习、生活等原因从各州县进入省会西宁的各民族成员越来越多。作为全省政治、经济、文化、教育和商贸的中心，西宁是典型的移民城市，这里多民族聚居，多宗教并存。以西宁城东区为例，这里生活有汉族、回族、藏族、土族、满族等少数民族，是少数民族较为集中的一个区。另外，这里还有一所民族高等院校——青海民族大学，目前共有来自全国 30 个省、市、自治区的汉族、藏族、回族、土族、撒拉族、蒙古族等 31 个民族的 13 918 名学生在校学习。各个社区中不同民族成员交错杂居的现象也较为普遍，民族间的日常交往交流密切频繁，相互嵌入式的居住模式和

社区环境正在自然而然地形成。省会西宁被评为"全国民族团结进步创建示范市"其所辖的 128 个社区积极开展示范社区创建活动,所有达标的示范社区均建立了老年活动室、图书馆、健身房、医疗室等服务设施。这些基础设施的建设不仅使社区居民可以享受到文化、体育、卫生等服务项目,而且也是各民族居民日常沟通交流的重要场所。在经济活动上,各民族成员互助合作,共享经济成果;在文化交流和心理认同方面彼此欣赏,相互尊重。一些带有浓厚民族特色的餐饮、文化表演已成为城市生活中的重要部分。如各种"藏餐吧"、民族"风情园"、广场"锅庄舞"等,不仅丰富了城市民族文化,而且也为多民族和谐社会建设发挥了重要作用。

3. 深化宣传教育引导,中华民族共同体意识不断铸牢

在党的十九大报告中,习近平总书记明确指出:"深化民族团结进步教育,铸牢中华民族共同体意识,加强各民族交往交流交融,促进各民族像石榴籽一样紧紧抱在一起共同团结奋斗、共同繁荣发展。"铸牢中华民族共同体意识是党的十八大以来习近平总书记作出的重大论断,是新时代民族工作的鲜明主线和战略任务。坚持把思想教育引导作为民族团结进步创建活动的基础性工作,以宣传教育凝聚人心,讲好青海民族团结故事。在这里,学校始终是实施民族团结教育工作的重要阵地,尤其是民族院校。如青海民族大学是立足于青藏高原的一所综合性民族高等学府,也是青海省与国家民委共建的省属重点高校。自建校以来,青海民族大学培养了8.9万余名来自民族地区、服务于民族地区特别是藏区的各民族人才,为推进民族地区经济社会发展,维护民族团结和社会稳定做出了特殊贡献。目前,共有来自全国 29 个省、市、自治区的汉族、藏族、回族、土族、撒拉族、蒙古族等民族的 14 953 名学生在校学习,其中少数民族学生 8334 名,占在校学生的 55.73%。[18] 学校发挥课堂主渠道作用,打造思政金课空中课堂、开设《铸牢中华民族共同体意识》作为全校公共必修课,在广大师生中树立正确的国家观、民族观、宗教观、历史观和文化观教育,从根本上构建民族团结的价值认同,形成并增强对伟大祖国的认同、对中华民族的认同、对中华文化的认同、对中国特色社会主义的认同以及对中国共产党的认同的"五个认同"意识,铸牢中华民族共同体意识的思想基础。将民族团结进步教育通过构建多元化板块化教育模式得以实施,如民族团结与祖国统一教育、省情教育、民族节日文化教育等模块通过专题讲座进行,充分利用校园广播、校园展板、文化走廊、宣传栏、电子屏、主题班会、民族知识竞赛、文艺汇演等多种传播载体在师生中广泛宣传党的民族理论和民族政策,使民族团结教育贴近师生,让广大师生在潜移默化中受到熏陶和教育,努力营造创建民族团结示范学校的良好

氛围。

4.宗教事务管理能力不断提升，积极健康的宗教关系得以巩固和发展

青海多民族共生，多宗教并存的特殊省情决定了宗教工作是民族团结工作的重要内容。青海民族宗教管理部门积极探索，构建了具有青海特点的宗教寺院管理模式。在《关于进一步加强藏传佛教寺院管理工作的意见》（青办发〔2013〕25号）中开创性地提出了"共同管理、协助管理、自主管理"三种管理模式。全省各大藏传佛教寺院通过"共同管理、协助管理和自主管理"三种管理模式，建立了寺院动态管理、互动转化工作机制，依法、管用、和谐的藏传佛教寺院管理长效机制不断健全并发挥作用。2015年4月，省委省政府出台《关于进一步加强和改进新形势下伊斯兰教事务管理工作的意见》，创新建立了分层分级管理和动态调整的新机制，形成管理主体明确、纵向齐抓共管、横向联动协调的工作格局。[19]坚持伊斯兰教中国化方向不动摇。如玉树藏族自治州寺多僧众，全州共有247座寺院和宗教活动点（其中246座为藏传佛教寺院，1座为清真寺），僧侣总数占玉树总人口的5.6%，农牧民群众全体信教。州境内宁玛、萨迦、噶举、格鲁四大藏传佛教教派长期共存，寺院历史悠久，宗教氛围浓厚，宗教影响深远。玉树州在依法加强寺院管理中积极落实三种管理模式。自2015年起，对州境内问题较突出、维稳隐患较多的4座寺院成立寺院管理委员，并与寺院民管会一起实行共同管理。对民管会管理能力较弱、管理制度不健全的7座寺院，委派干部进入民管会实行协助管理。对一贯爱国爱教、管理规范的178座寺院委派指导员实行自主管理。[20]在坚持宗教中国化方向的基础上，创新建立了伊斯兰教分层分级管理和动态调整的新机制，把好阿訇资格准入、开学聘任、考核使用等"五道关口"。此外，玉树州委州政府在尊重宗教信仰自由和风俗习惯的基础上，积极修订完善《寺规僧约》，举办"一个培训"（开展宗教界人士掌握政策法规，争做合格僧尼政策法律培训）、开展"五进活动"（即政策法规进寺院、卫生健康进寺院、环保教育进寺院、精神脱贫进寺院、民族团结进寺院）、出台"七不准"制度（即不准干涉信教群众牲畜出栏，不准强制要求信教群众放生牲畜，不准以寺院、法事活动名义参与和组织牲畜放生活动，不准在法会、宗教活动中传播禁宰思想，不准宗教教职人员以寺院、法事活动名义向农牧民募捐牲畜放生款，不准为农牧业发展制难设障，不准寺院或宗教活动点私设牲畜放生场所），最大限度地减少宗教对信众生产生活的影响。随着宗教管理工作的不断创新，积极健康的宗教关系不断得到巩固和发展，全省政教关系呈现和顺向上的局面。宗教界上层人士能够自觉接受管理，遵守法规政策，通过开展民族团结进步创建活动进寺院，一批爱国爱教高素质宗教界代表人士在维护藏区稳定、促进民族团结、创建和谐寺院

等方面发挥了积极的作用。

三、新时期青海民族团结进步创建工作面临的挑战

青海是我国多民族大家庭的一个缩影，无论是在少数民族相对聚居的各州县，还是像湟水流域这样的民族杂、散居地区，民族团结始终是各族人民共生共荣、共同发展的生命线。在新时代中国特色社会主义的新形势下，青海在推动民族团结进步创建工作进一步发展和铸牢中华民族共同体意识等方面还面临一些挑战。

1. 民族团结进步创建工作整体水平和质量有待进一步提高

民族团结进步创建工作涉及方方面面的关系协调问题，具有很强的实践性，其中一些相关部门，如民宗、统战和民创等部门之间的信息畅通及资源整合力还需加强。部分地区和部门对民族团结进步创建工作还存在一些认识上的误区，如不能将创建活动与日常工作统筹兼顾，或将民族团结进步创建活动视为短期任务，缺乏工作的自觉性、主动性和长期性的认识。民族团结进步创建工作还是一项群众性很强的社会工作，需要全体社会成员共同参与和推动，部分地区群众参与创建活动的积极性不高，认为这只是政府的事情，与自己无关。此外，还有一些创建部门存在长期经费不足、缺少编制、人员队伍不稳定等问题。这些因素从一定程度上影响了民族团结进步创建工作的质量和效果。

2. 铸牢中华民族共同体意识的宣传教育引导还需进一步深化

青海省自开展民族团结进步创建活动以来，在全省范围内积极进行民族团结进步思想宣传教育引导方面做了大量工作，也取得了一定的成效。接下来，还需要进一步围绕"铸牢中华民族共同体意识"这个新时代民族工作的主题主线，深化宣传教育引导并健全长效机制。习近平总书记在党的十九大报告中明确提出"铸牢中华民族共同体意识"，对"中华民族共同体意识"的理解和认同，不能停留于表面，要充分考虑到社会成员的不同特点进行分类教育，如在青海广大的农牧区群众中用听得懂、记得住的语言讲清楚中华民族是怎么来的、为什么是共同体、为什么要铸牢中华民族共同体意识等。"做"就要扎实有效，在如何推动各民族相互嵌入式的社会结构和社区环境，让各民族更好地交往、交流、交融等方面细化工作。只有讲得好又做得扎实才能促进各族群众像石榴籽一样紧紧抱在一起，共同团结奋斗，共同繁荣发展。

3. 基层社会治理成效还需进一步提升

随着新形势下一些新要求的出现，部分基层组织对信息时代的资源整合、联网共享、大数据、网格化管理等现代科技手段的掌握还不够。社会治理法治化、

智能化、专业化和社会化水平有待进一步提升。有些基层组织在处理一些涉及宗教教派纠纷、征地拆迁、草山地界、矛盾排查化解等方面的问题时还存在工作停留在表面的现象。依法推进民族团结进步工作的基础在基层，因此，基层干部的法治观念和依法办事能力都需要进一步增强。

四、关于新时代青海民族团结进步创建工作路径的几点思考

在青海这样一个多民族共生共荣的地区开展长期而有效的民族团结进步工作必须在坚持和贯彻党的统一领导的基础上，结合地区实际情况和特点，积极探寻民族团结进步工作的途径和方法。

1. 继续加强多民族共生地区的经济互惠和文化共享

民族交往、交流、交融不仅是实现我国民族平等、团结、互助、和谐的新型民族关系发展的必然趋势，同时也是促进各民族共同团结奋斗，共同繁荣发展的本质要求。由于青海地处西部，其内部的经济模式是农牧业并存，因此在经济上具有很强的互补性和互惠性，生活在这里的各民族之间的交流接触也往往是伴随经济贸易活动而开始的。如青海河湟地区"农耕经济与游牧经济间的巨大差异，为河湟地区的商品交流创造了绝好的商机，汉、藏两地广阔的空间既是商品销售的巨大市场，又是源源不断的原料供应基地。而河湟伊斯兰民族以其良好的商业素养、悠久的经商传统和坚忍不拔的吃苦精神在河湟各族之间架起了通衢四方的商业桥梁，同时也使其在河湟经济中占据了不可缺少的重要位置"。[21] "河湟经济结构中的民族分工与协作是地理与历史、自然与文化交互作用的结果。"[22] 加强经济上的密切交往、交流可以促使各族人民通过区域间的协作和支持各取所需，互惠互利。使这种民族间的经济互动不仅成为促进地区经济发展的手段，而且也为推动各民族进一步在其他领域开展平等、协作、互惠的交际关系奠定基础。因此，一方面，加大对各民族特色产业的扶持力度，形成地区间和民族间互通有无，互补共生型的经济贸易通道；另一方面，通过大力加强基础设施建设，扶贫开发，城镇化和生态化建设等不断调动和释放民族地区的发展潜力，让各民族在这个共生共存的大家庭中手足相亲、守望相助。

除经济领域外，随着民族交往交流交融的逐步发展，各民族文化在相互尊重、相互欣赏的基础上也在迎合时代的需要，朝更加欣欣向荣的方向发展。从青海的民族关系来看，表现在文化上的最大特点就是"和而不同""共生共荣"。每个民族在自身发展过程中就像一面镜子反映出自己与周边民族之间的亲密关系，这种"你中有我，我中有你"的文化关系和价值观念在 "既有差异，又能共识"的

交往交流过程中逐步建立发展起来。尤其随着当前各民族间联系与交往的日益频繁，各民族共同因素不断增多，民族迫切发展的意识越来越强。如"锅庄"，原本是藏族的传统舞蹈，但在青海各地区"锅庄"已成为一种各民族各阶层群众普遍参与的娱乐活动，它作为一种文化，被各民族成员所共享。因此，在民族工作的实践中应多渠道、多层次、多形式地架构起一个长久而持续的文化平台，让各民族的文化在得以展现的同时，促进各民族在文化上的共享，推动各民族在文化上的交往、交流、交融。

2. 坚持党的宗教工作基本方针不动摇，继续发挥爱国统一战线的积极作用

青海是一个多民族、多宗教并存的民族省份。这就要求我们在促进民族关系和宗教关系和谐的同时，必须处理好民族与宗教之间的关系。习近平总书记在党的十九大中强调"全面贯彻党的宗教工作基本方针，坚持我国宗教的中国化方向，积极引导宗教与社会主义社会相适应"。在各族各界的干部和信教群众中广泛开展法制宣传教育，做好对宗教场所的管理和宗教职人员自觉学法、尊法、守法的引导和培训工作。2018年国务院发表的《中国宗教问题白皮书》也清楚地阐释了积极引导宗教与社会主义社会相适应，就是要引导信教公民热爱祖国、热爱人民，维护祖国统一，维护中华民族大团结，服从服务于国家最高利益和中华民族整体利益；就是要引导宗教界拥护中国共产党领导、拥护社会主义制度，坚持走中国特色社会主义道路，坚持宗教中国化方向，积极践行社会主义核心价值观，弘扬中华优秀传统文化，努力把宗教教义教规同中华优秀传统文化相融合，遵守国家法律法规，自觉接受国家依法管理。[23]由于民族问题时常会和宗教问题交织在一起，因此在处理涉及宗教问题的事件上，一方面要对一切打着民族、宗教旗号的境内外分裂势力依法进行坚决的打击，另一方面也要严格区分不同性质的矛盾，在处理民族关系的过程中要谨慎言行，不要伤害民族感情和宗教感情。"依法对宗教事务进行管理的根本目的，是更好地保护正常的宗教活动和宗教界的合法权益，是更好地全面贯彻宗教信仰自由政策，也有利于防止不法分子利用宗教和宗教活动制造混乱，违法犯罪，有利于抵制境外敌对势力利用宗教进行政治渗透。"[24]

继续发挥好人民政协的作用，促进各族各界在人民政协的团结合作，与宗教上层人士真诚沟通交流，带动各族各界群众和睦相处。在党的十九大报告中，习近平总书记在谈到"巩固和发展爱国统一战线"方面强调："统一战线是党的事业取得胜利的重要法宝，必须长期坚持。要高举爱国主义、社会主义旗帜，牢牢把握大团结大联合的主题，坚持一致性和多样性统一，找到最大公约数，画出最大同心圆。坚持长期共存、互相监督、肝胆相照、荣辱与共，支持民主党派按照

中国特色社会主义参政党要求更好履行职能。"因此，充分发挥爱国统一战线组织的重要作用，坚持把民族团结贯穿到统一战线工作中的各个环节。加强与各民主党派、工商联、无党派人士的团结合作，深入开展新时代中国特色社会主义、爱国主义、民族团结教育，促进政党之间、民族之间、宗教之间的和谐关系。

3. 继续深化各民族对中华文化认同，铸牢中华民族共同体意识

青海自古以来就是一个多民族聚居的地区。世代居住在这里的汉族、藏族、回族、土族、撒拉族、蒙古族等民族在长期的历史发展过程逐渐形成了与其生存、环境相适应的、各具特色的文化传统。这些文化既是各民族成员在长期实践过程中形成的各自优秀传统文化的一部分，同时也是中华民族文化宝库中不可缺少的重要组成部分。从民族认同的层面来看，文化认同是最深层次的认同，是激发民族成员自豪感和自信心的精神动力，因此，在加强各民族对本民族优秀文化认同的同时也要积极培养对中华文化的整体认同意识。如湟水流域作为各散、杂居民族及多元文化的交汇地，在长期发展中既保留了各民族自有的文化特色，同时也兼容了一些其他民族的文化元素。如生活在这一流域的藏族、土族、蒙古族等民族都能以熟练的地方汉语方言进行相互交流，相对于生活在民族聚居区的成员来说，杂、散居地区的民族之间更容易形成亲近密切的交融关系，譬如，不同民族之间的族际通婚，在族群人名前冠汉姓或直接起汉名等，每个家族都有族坟并在清明等时期定期上坟、烧纸等，还有民间基本的生活生产方式的相似等。可以说，任何一种文化现象都不是孤立的，都是在自身发展的过程中或多或少吸收了其他民族的文化成分。

在民族团结进步工作实践中积极培养各民族对中华民族共同体的归属感和对中华文化的认同意识具有重大意义。因此，在今后民族团结教育工作的实践过程中，要积极发挥舆论宣传的作用，让各民族人民群众充分认识到在中华民族和中华文化的形成和发展过程中所有的民族都是参与者和贡献者，各民族要相互尊重、相互学习。正如习近平总书记在2014年中央民族工作会议暨国务院第六次全国民族团结进步表彰大会上指出的，"加强中华民族大团结，长远和根本的是增强文化认同，建设各民族共有精神家园，积极培养中华民族共同体意识。要把建设各民族共有精神家园作为战略任务来抓，抓好爱国主义教育这一课，把爱我中华的种子埋在每个孩子的心灵深处，让社会主义核心价值观在祖国下一代的心田生根发芽"。[25]通过在现实生活中对各民族成员和各阶层人民群众社会主义核心价值观的实践，在继承发扬各民族优秀传统文化的同时，将中华民族优秀传统文化中蕴含的民族精神化为各民族团结奋发的精神动力和软实力，为社会主义现代化建设以及国家和地区的长治久安提供强大的精神后盾。

4. 努力推动建立相互嵌入的社会结构和社区环境

中共中央多次提及关于建设"各民族相互嵌入式的社会结构和社区环境"的理念，不仅是我国民族理论与民族政策领域的一个创新性提法，同时对新时期下巩固和发展我国社会主义民族关系和民族团结具有重要的理论价值和现实意义。

各民族相互嵌入式社会结构与社区环境的创造，是加强民族团结和各民族交往、交流、交融的重要理论与实践经验。民族互嵌式社会结构是一种新型、多向、平等的社会结构模式，其目的在于消除社会结构分割、社会资源排斥、社会心理疏离的三重意涵，与民族团结的内在目标高度契合。从青海多民族杂处，多元文化交融荟萃的历史与现状来看，推动建立相互嵌入式社会结构和社区环境既是巩固和发展我国社会主义民族关系的时代要求，也是促进民族团结进步，加强民族间交往、交流、交融的重要举措。一方面，在传统睦邻共居的格局上，各级党组织与政府，以邻里互动或族际互动等形式，促进各族群众互嵌式生活环境与生活方式，通过文艺娱乐、节庆仪式、民俗文化等强化各族相互学习，以多种组织多种活动推动互嵌式生产生活，培养各族群众相互包容、相互帮助、相互尊重的睦邻友好关系。另一方面，拓宽族际交流工具，开发族际交流空间。如通用语言、族际通婚等都是嵌入式族际交流的最大化空间，实现了族际共融的最大化交流空间。

5. 坚持党的领导核心作用，以党建促创建，激发基层活力

民族团结是一项政治性、群众性很强的社会工作，需要全体社会成员共同参与和推动。构建由党委领导、政府负责、有关部门协同配合、通力合作的创建机制，充分发挥各级党委政府在民族团结进步创建事业中的组织推动作用，不仅有利于和谐社会建设，更有利于铸牢中华民族共同体意识。另外，着眼于基层党组织示范引领作用，把加强基层组织建设与民族团结创建工作紧密结合起来。在全体社会成员中树立正确的马克思主义民族观，坚持不懈地开展党的民族理论与民族政策教育，普及民族团结进步知识，增强社会各界民族团结进步意识。通过各种形式多样的民族团结教育活动，引导各民族人民树立正确的民族意识，培养健康的民族情感，在全体社会成员中营造共同促进民族团结进步的良好氛围。各级人民政府应当组织开展促进民族团结进步创建活动进家庭、社区、乡村、机关、学校、企业、宗教活动场所、部队和网络，创建民族团结进步示范单位、示范家庭、教育基地，引导各民族公民加深了解、增进团结、共同进步。[26]

青海民族团结工作在党的民族理论与民族政策的正确指导下走过了 70 余年的发展历程，从民族平等团结政策的宣传贯彻到针对各少数民族特点和民族地区发展的实际情况所制定的一系列方针政策，使少数民族和民族地区的各项事业顺利推进，经济建设取得长足进步。现阶段，我国正处在从传统社会向现代化社会转型的时期，各民族群众在经济文化方面的交往、交流和交融，是消减民族隔阂、促进和谐关系的前提条件。在引导民族关系和处理民族问题的过程中既要坚持民族平等、团结共同繁荣发展的原则，又要坚持服从和服务于社会主义现代化建设这个大的趋势。回顾过往，立足当下，我们还应当清醒认识到，各民族群众在市场经济发展过程中的大流动，是现代化进程中的必然趋势，各民族之间的交往、交流更有利于各民族经济文化的发展和交融，更有利于各民族的相互了解、相互尊重和团结，更有利于铸牢中华民族共同体意识。只有在平等、团结、互助、和谐的民族关系氛围中，各民族才能更好地共生共荣，共同发展。

参考文献

[1] 祁永红.青海民族发展报告（2019）民族团结进步创建［R］.青海人民出版社，2020年5月第1版，第3页.

[2] 青海省民族宗教事务委员会.青海民族·宗教工作大事记(1949－2009)［Z］.青新出(2009)准字227号：4.

[3] 青海省民族宗教事务委员会.青海民族·宗教工作大事记(1949－2009)［Z］.青新出(2009)准字227号：4.

[4] 青海省民族宗教事务委员会.青海民族·宗教工作大事记(1949－2009)［Z］.青新出(2009)准字227号：6.

[5] 青海省民族宗教事务委员会.青海民族·宗教工作大事记(1949－2009)［Z］.青新出(2009)准字227号：7.

[6] 青海省民族宗教事务委员会.青海民族·宗教工作大事记(1949－2009)［Z］.青新出(2009)准字227号：9.

[7] 青海省民族宗教事务委员会.青海民族·宗教工作大事记(1949－2009)［Z］.青新出(2009)准字227号：12.

[8] 青海省民族宗教事务委员会.青海民族·宗教工作大事记(1949－2009)［Z］.青新出(2009)准字227号：35.

[9] 青海省民族宗教事务委员会.青海民族·宗教工作大事记(1949－2009)［Z］.青新出(2009)准字227号：14.

[10] 青海省民族宗教事务委员会.青海民族·宗教工作大事记(1949－2009)［Z］.青新出(2009)准字227号：15.

[11] 青海省民族宗教事务委员会.青海民族·宗教工作大事记(1949－2009)［Z］.青新出(2009)

准字 227 号：23.

[12] 王延中.推动民族团结进步创建工作向纵深发展 [N].中国民族报，2019-01-06.

[13] 开哇.70年青海民族工作欣欣向荣 [N].中国民族报，2019-07-16.

[14] 海北州委政研室.海北创建全国民族团结进步示范州的探索与实践 [C].海北州创建办，
    136.

[15] 海北州委政研室.海北创建全国民族团结进步示范州的探索与实践 [C].海北州创建办，
    138-140.

[16] 中央民族工作会议暨国务院第六次全国民族团结进步表彰大会在北京举行 [N].人民日
    报，2014-09-30.

[17] 开哇.70年青海民族工作欣欣向荣 [N].中国民族报，2019-07-16.

[18] http://www.qhmu.edu.cn 青海民族大学官网（学校简介，其中的数据截至 2019 年 11 月
    30 日）.

[19] 中国民族发展报告（2018）民族团结进步创建·青海省民族团结进步创建工作 [R].社
    会科学文献出版社，160.

[20] 陈玮，张晓军.民族团结进步示范州创建路径探索——以玉树藏族自治州事件为例 [M].
    社会科学文献出版社，2018，10:213.

[21] 王希隆.西北少数民族史研究 [M].北京：民族出版社，2003.

[22] 马进虎.河湟经济结构中的民族分工与协作 [J].西安电子科技大学学报（社会科学版），
    2004（03）：42-47.

[23] 中华人民共和国国务院新闻办公室.中国保障宗教信仰自由的政策和实践 [Z].北京：
    人民出版社，2018.

[24] 杨虎得.中国民族理论十讲 [M].高等教育出版社，2015.

[25] 中央民族工作会议暨国务院第六次全国民族团结进步表彰大会在北京举行 [N].人民日
    报，2014-09-30.

[26] 关于提请审议《青海省促进民族团结条例（草案）》的议案 [Z].青发【2018】103 号，
    第十一条.

铸牢中华民族共同体意识的形成机制研究

马存芳[*]

摘　要： 铸牢中华民族共同体意识是习近平新时代中国特色社会主义思想的重要组成部分，是我国应对新时代民族事业发展中的新矛盾、新问题的重要治国方略。本文研究铸牢中华民族共同体意识的形成机制，认为树立正确的历史观，铸就中华民族共同体意识的终极目标是建设全民族精神家园；坚定社会主义核心价值观、强化国家认同是夯实中华民族共同体意识的思想政治基石；强化文化认同与弘扬民族文化是铸造中华民族共同体意识的价值基础；通过教育促进民族熔埠与凝聚是增强中华民族共同体意识的基本途径。

关键词： 铸牢；中华民族共同体意识；形成机制

铸牢中华民族共同体意识是中华民族伟大复兴的关键，是国家稳定的民意基础，也是国家兴旺的软实力。它是习近平新时代中国特色社会主义思想的重要组成部分。党的十九大报告和新修订的党章都将"铸牢中华民族共同体意识"确立为新的治国方略，它为我国应对新时代民族事业发展中的新矛盾、新问题，为我国实现"两个一百年"发展目标提供了政治与思想上的坚强壁垒。这一思想和方略的确立，掀起了学界的研究热潮，不同领域的学者从不同的专业视角出发，从民族复兴、国家发展、新时代中国梦实现的现实需求，深度研究了铸牢中华民族共同体意识的法理、方法、策略、途径等，研究成果丰富而多样。本文从"铸牢"一词的演化过程、铸牢中华民族共同体意识的终极目标、思想政治基石、价值基础和增强途径等方面研究铸牢中华民族共同体意识的形成机制，分析此领域目前研究聚焦的热点与趋势。

---

* 马存芳（1970—　　）女，青海民和人，回族，青海民族大学师范学院教授，主要从事民族教育研究。

一、铸牢中华民族共同体意识是新时代解决民族问题的新方略

中国特色社会主义建设进入新时代以来，民族事业的发展产生了诸多新问题、新矛盾。为了边疆统一稳定、国家长足安宁、社会和谐发展，以习近平同志为核心的党中央提出了"铸牢中华民族共同体意识"的治理方略，及时应对民族工作中出现的各种矛盾关系，这是以中国特色解决新时代民族问题的中国智慧与中国方案。

（一）"铸牢"一词的演化体现了党和国家对解决民族事务的坚定决心

"中华民族共同体意识"这一概念提出后，从"牢固中华民族共同体意识""积极培养中华民族共同体意识"到党的十九大报告中的"铸牢中华民族共同体意识"，逐渐丰富了习近平新时代中国特色社会主义的民族工作思想。

"铸牢"一词的演化过程代表了中央要彻底解决民族问题的信心与决心。从2014年9月习近平总书记最先提出这一概念时运用的"积极培养"到后来使用"筑牢"一词，到十九大以及党章中转换为"铸牢"，看似只是用词的变化，实则是体现了党和国家引领全民思想之战略决策上的变化轨迹，体现了党和国家从根本上解决民族工作面临的问题与矛盾的决心。表明了党和政府夯实国家统一与民族团结之社会心理基础的坚定决心。"积极培养"是要唤醒和培育中华民族荣辱与共的共同体意识，是一种教育行为；"筑牢"多指建筑和修建，针对的是形态上的变化过程。这样鲜明的新表述带有时代特色。"铸牢"针对的是金属的淬炼与熔铸，无论从性质、形态还是数量和强度上，都是注重通过外部的强化与锤炼，得到内部品质的淬炼和提升，从而能统一认识、坚强意志应对困难局面。

"铸牢"一词的演化说明了加强中华民族共同体意识对民族复兴的重大意义，中华民族共同体意识被提到了前所未有的新高度，得到了极大关注，表明党和政府解决民族问题的新思维和新战略，体现的是无法撼动的国家意志，要打造新时代下的国民信仰和超强凝聚力，旨在将中华儿女命运相连，将中华民族共同体意识深深根植于国人的思想根基，成为国人共同的精神追求。

（二）增强中华民族共同体意识，是从根本上解决民族事业发展中新矛盾、新问题的必然选择

党的十九大报告中概括的"五个并存"[1]中"各民族交往交流趋势增强和涉及民族因素的矛盾纠纷上升并存，反对民族分裂、宗教极端、暴力恐怖斗争成效显著和局部地区暴力恐怖活动活跃多发并存"是对新时代民族事业发展中的新矛

盾、新问题最为精辟、透彻和到位的总结,在高度评价我国民族事业发展取得的巨大成就的同时也指出问题与成绩是共生并存、复杂交织在一起的。民族事业发展中问题的严峻性不容忽视。尤其是前一时期境外三股势力利用文化交流、开发援助的等手段,蓄意向国内渗透西方民族主义思潮的极端不良影响[2],在其阴谋挑唆下出现的藏独、疆独、港独和台独事件是妄图分化中华民族共同体,是对中华民族这一统一民族国家主权与稳定的挑战,这种人为制造的分裂危险将会把国家导向分裂歧途,危及国家统一[3]。之所以出现这些事件与一段时期以来我国国家认同教育的"松、软、缺"而导致中华民族共同体意识的弱化有一定关系。有学者提出"铸牢中华民族共同体意识面临着狭隘民族分裂思想影响、民族分裂势力破坏、西方多元文化理论消解、中华民族共同体意识理论建构和宣传教育不足等诸多方面的现实问题[4]"。由于对中华民族认同的虚化、弱化甚至是缺失,使边疆少数民族对统一国家的聚合性降低,对中华民族共同体的凝聚力出现分离,表现在心理上的疏离和国家认同方面的危机。这些思想和心理上的问题因为潜隐故而难以及时发现和解决。习近平主席以高远的政治站位,审时度势,审慎应对现实问题和意识形态领域的严峻挑战,从战略高度蓄力建设全民族的精神家园和思想高地,重构中华民族共同体意识,从根源上找到了新时代解决民族工作阶段性矛盾的有效举措。诸多问题产生的根源在于全民尤其是民族地区广大民众缺乏深层的思想力量,只有加强民众对中华民族的高度认同,培育深厚的中华民族共同体情感和意识,才能为他们的心灵注入养分,从而根本上解决新时代民族事业发展面临的问题与矛盾,才能形成国家治理的强大内聚力,发挥多民族国家的聚合凝力效应,各族人民力量和智慧的积累,将有助于实现中华民族伟大复兴的中华梦。

二、树立正确的历史观,铸就中华民族共同体意识的终极目标是建设全民族精神家园

历经几千年的历史发展,56个民族之间的交往、交流、交融而形成了如今的"多元一体"格局。中华各民族儿女在不断互动和共生中共同创造了统一的多民族国家。习近平新时代中国特色社会主义思想对中华民族多元一体格局有着深刻论述,阐释了"一体包含多元,多元组成一体,一体离不开多元,多元也离不开一体,一体是主线和方向,多元是要素和动力,两者辩证统一"的关系,这是对中华民族"一致性"与"多样性"辩证共存关系的正确反映,构建了铸牢中华民族共同体意识的逻辑起点,为这一新方略找到了学理表征。

当前历史学的研究聚焦"一体"与"多元",聚焦近代中华民族共同体意识的自觉意识觉醒的历史节点,阐释了"一体"与"多元"的辩证统一关系。费孝通通过考查中华民族几千年融合发展的历史,提出了"中华民族是多元一体的坚强稳固的世界第一大民族"[5]的观点。学者丹珠昂奔研究认为[6],中国历史上任何一个民族建立"大一统"的国家,都会吸纳各种民族构成"多元"。研究者严庆、平维彬提出[7]"大一统"是中华民族共同体意识的思想来源之一,深刻影响着中华民族的政治生态和"文化心理结构"。"大一统"思想的长期规约与维系对中国社会的意义重大。诸多研究者从历史学的角度梳理了中华民族共同体形成的历史脉络,提出了要树立正确的历史观,每个中国人都有责任和义务,继承、建设和发展统一的多民族国家。

铸牢中华民族共同体意识的终极目标,就是要为各民族共建精神家园。杨文炯认为[8],夯实中华民族伟大复兴的坚实文化根基,重要途径是建立各民族共有精神家园。中华民族共有精神家园是指扎根于中华传统文化土壤之中的中华民族共同的理想信念、价值追求和精神寄托。2014年中央民族工作会议明确铸牢中华民族共同体意识与建设精神家园之间的密切关系,提出了"五个认同"[9]是中华民族共同体思想基础的论断,从而厘清了铸牢中华民族共同体的法理根源,为共建国民的精神家园,激发全民族的凝聚力、向心力和发展的推动力,实现共同繁荣,找到了实施路径。

三、坚定社会主义核心价值观、强化国家认同是夯实中华民族共同体意识的思想政治基石

中华民族共同体是政治的共同体、文化的共同体、经济的共同体和心理的共同体,其中政治共同体是它的核心。增强民族认同感、塑造中华民族共同体意识的基础和支撑,是大力培育社会主义核心价值观。当前研究中社会主义核心价值观的培育与铸牢中华民族共同体意识紧密结合成为热点。社会主义核心价值观是中华民族精神追求的体现,是国民的价值共识,是评判社会主义社会的价值标准。

通过培育社会主义核心价值观来加强公民的国家认同和中华民族共同体认同,是铸牢中华民族共同体意识政治属性的体现。社会主义核心价值观描绘的是建设美好国家的宏伟蓝图,是对中国特色社会主义初级阶段基本路线和奋斗目标的凝练,是全国人民对国家建设和发展的共同愿景,这与社会主义根本属性相一致。

社会主义核心价值观在国家层面上的蓝图与国家建设发展目标之间具有内在的高度统一性。社会层面的核心价值观是对构建什么样的社会的回答,构成了社会发展目标的价值追求。它是国家建设与发展目标实现的基础与保障。只有实现了人民的自由平等公正法治,才能构建和谐社会,才能达到"坚持以人民为中心"

的发展理念。核心价值观在个人层面上给出了公民应当遵守的价值准则和社会倡导的价值规范。回答了社会需要什么样的公民这一问题，是个人道德价值规范的整体涵盖，是在爱国、爱党、爱领袖、爱社会主义基础上的微观层面体现公民个人的行为准则，在宏观层面整体凝聚中华民族精神，是永葆社会主义根本属性的个人道德规范。学者沈桂萍认为[10]，国家认同的情感和心理基础，是全社会成员具有共同的价值认同与追求。可见社会主义核心价值观的坚持与践行是增强国家认同的基础。也有研究者[11]认为，社会主义核心价值观的核心是国家认同。社会成员对国家、各民族间关系和社会主义发展道路的认同，就是中华民族共同体意识政治属性的体现。这一过程，必须通过培育社会主义核心价值观来实现。

四、强化文化认同与弘扬民族文化：铸造中华民族共同体意识的价值基础

中华民族传统文化是在中华民族几千年的发展中沉淀下来的民族生存与发展的智慧，是每一个中国人的精神基因，是中华民族所共有的生存方式的总和，它维系着中华民族的世代繁衍与传承。习近平总主席对文化认同与民族共同体认同的关系进行过系统、全面而深刻的论述[12]："文化认同是最深层次的认同，是民族团结之根、民族和睦之魂。""失去文化认同就会使民族团结、和睦失根失魂"。"民族是历史上形成的稳定的人类共同体，作为民族特征之一的民族共同心理素质（包括表现在民族文化上的民族特点和体现出民族自我意识的民族感情）是最稳定的东西。"中华优秀传统文化是中华民族几千年文明传承的根脉，现在的多元一体文化格局，源自不断交流融合发展中各民族文化的互相包容、学习和借鉴，是所有中华儿女共同的精神财富，这是各民族体认中华民族共同体的心理认知和情感基础，在社会主义核心价值体系的引领和指导下，全民族的心理社会认知是铸就中华民族共同体意识的坚实基础[13]。董楠认为文化认同是提升中华民族凝聚力和向心力的根本[14]。

文化的影响无时不在、无所不在。文化是民族共同体中成员彼此联结的纽带，共同的文化使各成员心理上相互依附，在行为上交互作用，在道德认同上产生共同信仰带来的内心情感体验，在心理和行为上对共同体成员产生强烈的制约和影响力。有研究认为[15]，从文化的角度，铸就中华民族共同体意识就是一种寻根的实践活动。文化认同承载着全民族共同的历史记忆和想象，是铸牢中华民族共同体意识的意义源泉。

中华民族共同体意识是与政治共识、文化认同相伴相生的。中华文化认同感是在长期的历史发展中，通过心理活动和价值体认，融入国民内心世界的精神基因，

是铸就中华民族共同体意识的价值根基，因为对中华文化的认同与传承承载的是国人对中华民族深深的认同感、归属感和情感依附。提升中华民族文化认同感是"为全体社会成员共生共有国家认同打下情感和心理基础"[16]，可以有力提升我国软实力和民族自尊[17]。说明增强文化认同，会更加坚定国人的文化自信，为中华民族共同体意识注入持久活力。

五、通过教育促进民族熔埠与凝聚：增强中华民族共同体意识的基本途径

铸牢大学生的中华民族共同体意识，只有通过教育这一主渠道，有目的、有计划、有组织地进行，同时，还要对他们进行国家认同教育，才能凝聚思想意识。有研究认为，高校思想政治教育中融入中华民族共同体意识，要从领导体制、育人系统和学生的自我教育系统多维建构教育体制，并提出了中华民族共同体意识融入高校民族团结进步教育工作要"进课堂、进活动、狠抓人、强宣传"的教育举措[18]。对民族团结教育的有效性提供了良好的实践视角。有学者[19]深入分析了少数民族文化发展对铸牢中华民族共同体意识的作用，提出通过发展少数民族文化熔炼中华民族共同体意识的路径，得出了"多路径发展少数民族文化、促进民族团结是熔炼中华民族共同体意识的关键环节"的论断。董楠[20]从强化民族平等观、爱国主义、中华历史文化、民族政策和双语教育四个方面提出了加强国家认同，深化民族团结进步教育的具体举措。

学者们从各自的研究背景出发，以不同的学科视角对铸牢中华民族共同体意识的途径进行了探索。有研究[21]提出了各民族相互嵌入式的社会结构有助中华民族共同体意识增强的观点，这一研究提供了富有建设性和可操作性方法。陈树文、蒋永发[22]提出了践行社会主义核心价值观，提升各族人民的文化认同感，为构筑美好精神家园提供环境保障的路径和措施。

铸牢中华民族共同体意识是民族地区高校加强校园政治安全面临的重大课题。很多身处民族地区高等教育这一特殊场域的研究者，对大学生的中华民族共同体意识教育，以敏感的学术自觉进行了深入的理论研究和实践探索，为同类院校提供了可供借鉴的宝贵经验。有学者[23]认为，增强政治认同，历史认同、文化认同以及开展民族团结教育是积极培育中华民族共同体意识的重要路径，为铸牢大学生的中华民族共同体意识，提供了有意义的视角。也有研究[24]提出，在边疆少数民族地区高校开展民族认同教育意义重大。吕岩[25]提出将文化认同教育活动贯穿学校教育全过程。还有研究[26]认为，高校民族团结教育的关键是增强中华文化认同，表明铸牢中华民族共同体意识与文化认同因素关系紧密。有研究者[27]提出通过经济发展、宣传教育、文化浸染等多维途径摄入，中华民族共同体意识才能成为"草根"层面简单朴素、自觉自为的社会心理认同。还有学者[28]通过对新疆少数民族大学生中华文化认同程度进行分析和总结，提出了文化认同对中华民族认同感培育的重要作用。

综上所述，社会主义核心价值观、政治认同、国家认同、文化认同的培育以及开展民族团结进步教育，是铸牢大学生中华民族共同体意识的重要途径，这已经成为学界的研究焦点。说明中华民族共同体意识的培育，一是可以通过教育进行全方位主动建构的，二是虽然诸多的影响因素所起到的作用各不相同，但积极、正面而向上的教育和引导，对铸牢青年一代中华民族共同体意识是非常重要的，它会成为青年一代前进的动力和方向。

参考文献

［1］习近平.决胜全面建成小康社会 夺取新时代中国特色社会主义伟大胜利——在中国共产党第十九次全国代表大会上的报告［N］.人民日报，2017-10-28.

［2］国家民族事务委员会，中共中央文献研究室.民族工作文献选编（2003-2009年）［G］.北京：中央文献出版社，2010.

［3］沈桂萍.培育中华民族共同体意识 构建国家认同的文化纽带［J］.西北民族大学学报，2015（3）.

［4］孔亭.铸牢中华民族共同体意识面临的问题与实践路径［J］.佳木斯大学社会科学学报，2019，37（1）：49-51+55.

［5］费孝通.中华民族多元一体格局［M］.北京：中央民族学院出版社，1989.

［6］丹珠昂奔.沿着中国特色解决民族问题的道路前进——中央民族工作会议精神学习体会［N］.中国民族报，2014-11-07.

［7］严庆，平维彬."大一统"与中华民族共同体意识的形成［J］.西南民族大学学报（人文社会科学版），2018，39（5）：14-18.

［8］杨文炯.建设各民族共有精神家园夯实中华民族伟大复兴的文化基础［J］.中国民族，2015（03）：112-114.

［9］本刊评论员.坚定不移走中国特色解决民族问题的正确道路［J］.求是，2014（20）.

［10］沈桂萍.培育中华民族共同体意识，构建国家认同的文化纽带［J］.西北民族大学学报哲学社会科学版，2015（3）：1-6.

［11］赵刚，王丽丽.中华民族共同体意识的政治属性解读［J］.湖湘论坛，2017，30（01）：106-112.

［12］习近平.摆脱贫困［M］.福州：福建人民出版社，1992.

［13］国家民委民族理论政策研究室.中央民族工作会议创新观点面对面［M］.北京：民族出版社，2015.

［14］董楠.铸牢中华民族共同体意识的路径选择［J］.北方民族大学学报（哲学社会科学版）2019（02）：5-11.

［15］于波，王员.中国特色社会主义文化："铸牢中华民族共同体意识的灵魂"［J］.河海大学学报，2019，21（1）：27-34+105.

［16］都永浩.政治属性是民族共同体的核心内涵——评民族"去政治化"与"文化化"［J］.黑龙江民族丛刊，2009（03）：1-13.

［17］刘吉昌，金炳镐.构筑各民族共有精神家园 培养中华民族共同体意识［J］.西南民族大学学报，2017，38（11）：28-33.

［18］蒋朝莉，平凯.中华民族共同体意识融入高校思想政治教育工作的路径探索［J］.理论观察，2019（1）：36-38.

［19］马英杰.铸牢中华民族共同体意识：作为民族团结的少数民族文化发展［J］.云南民族大学学报，2018，35（05）：5-11.

［20］董楠.铸牢中华民族共同体意识的路径选择［J］.北方民族大学学报（哲学社会科学版）2019（02）：5-11.

［21］郝亚明.以铸牢中华民族共同体意识为目标，促进民族交往交流交融［N］.中国民族报，2019-3-22.

［22］陈树文，蒋永发.新时代中华民族共同体意识构筑路径探析［J］.广西社会主义学院学报，2018，29（01）：58-61.

［23］张立辉，许华峰.积极培育中华民族共同体意识路径探析——以西南民族大学民族团结教育为例［J］.西南民族大学学报（人文社会科学版），2015，36（05）：214-217.

［24］王春风.增强民族地区大学生"四个认同"教育探析［J］.思想理论教育导刊，2014（03）：133-136.

［25］吕岩.异地办学促进培养大学生中华民族共同体意识——以西藏民族学院为例［J］.民族论坛，2014（12）：103-104.

［26］徐柏才，崔龙燕.新形势下加强大学生民族团结教育的若干思考［J］.民族教育研究，2015，26（05）：5-11.

［27］赵英.新时代青海藏区民族团结进步教育与铸牢中华民族共同体意识刍议［J］.民族教育研究，2018，29（04）：14-20.

［28］王霞，何欢.新疆少数民族大学生中华文化认同现状分析［J］.中南民族大学学报（人文社会科学版），2016，36（01）：38-41.

从青藏地区高校毕业生就业问题谈对
铸牢中华民族共同体意识的多维思考

王　晓[*]

摘　要：就业作为国家"六稳六保"工作的首要任务，既是一项民生工程也是一项政治任务。青藏地区因其历史背景和地理位置，世代聚居着大量少数民族，历来占据着重要的政治和军事地位，该地区高校吸纳了大量来自本地区的少数民族学生，学校的功能不仅是为国家培养人才，加快国家经济文化建设，更承担着维护边疆稳定，推动中华民族共同体意识建设的重要任务。而要实现这一目标就要解决好该地区高校毕业生的就业问题，了解该地区高校毕业生的求职意向、能力，引导其树立正确的求职观，为其在就业过程中提供有效指导，帮助其拓宽就业思路，有效预防一些因就业问题而引发的民族问题，推动中华民族共同体意识的建设进程。

关键词：中华民族共同体意识；少数民族；毕业生；就业

　　我国社会的主要矛盾已经转化为人民日益增长的美好生活需要和不平衡不充分的发展之间的矛盾。这种矛盾体现在东西部地区经济发展的不平衡，体现在各地区在各类资源分配的不均衡上，特别是在青藏地区，经济和教育等领域的资源、发展都明显逊色于中东部地区。青藏地区世代聚居着大量少数民族，社会主要矛盾不解决会为民族矛盾埋下隐患，不利于中华民族共同体意识的建立。

　　习近平总书记在全国政协十三届四次会议上指出："教育不平衡不充分问题，跟区域发展不平衡不充分密切相关。""我们应该通过提升中西部教育水平来促进中西部经济社会发展，通过解决教育不平衡带动解决其他方面的不平衡。"而教育最终的落脚点就是就业。盖洛普公司总裁——吉姆·克里夫顿曾说过，最基础的世界意志不再是和平、自由或者民主，也不是拥有家庭，也不是上帝或拥有房子或者土地。世界的意志最初最原本的是有一份好工作。所有的其他事都会随

---

* 王晓，硕士，青海民族大学就业创业指导中心办公室副主任。

之而来。可见实现充分的、优质的就业是解决我国社会主要矛盾的有效方法和手段，是化解民族矛盾的有力抓手，是铸牢中华民族共同体意识的有效保障。

青藏地区高校吸纳了大量来自青藏地区的人才，特别是少数民族人才，这些人才是发展西部、建设西部的中流砥柱，其中，许多人来自青藏地区农村或偏远地区，他们有着朴素的就业观，希望通过学历优势获得心仪的工作从而改善和提升自身乃至整个家族的生活品质。如果就业愿望得以实现必然会增强其对社会的认同感和归属感，特别是对于少数民族家庭，当由工作体现出的个人价值和社会价值被其他民族所重视和接纳时，很自然地会与其他民族间产生亲厚感，中华民族共同体意识也更容易被铸牢。而也正是因为青藏地区农村和偏远地区生源较多，其生长环境相对闭塞，社会资源十分有限，对于家乡之外的世界缺乏清晰的了解，许多少数民族的学生由于宗教的原因，存在饮食上的限制，部分学生在汉语表达上也存在问题。种种原因对他们的就业造成了巨大影响，加之疫情对就业市场的冲击，使得这部分毕业生就业难上加难。因此，如果不能有效解决这些毕业生的就业问题，势必会对我国西部地区的团结和稳定带来不良影响，为中华民族共同体意识的铸建带来不利因素。

一、青藏地区高校就业问题在铸牢中华民族共同意识过程中的桎梏

1. 就业地选择过于局限，不利于农牧区城镇化建设，不利于多民族之间的交流与融合

《2020 年中国大学生就业力报告》中显示，西部地区 2020 年第一季度 CIER（就业市场景气程度）为 1.08，比 2019 年下降 0.42，为全国最低。2017—2019 年全国各省 GDP 排名中，广东、江苏、山东、浙江、河南始终处于前五名的位置，排序保持不变，而甘肃、海南、宁夏、青海、西藏始终处于后五名的位置，排序也没有发生变化。前五名中，没有一个省份处于西部地区，而后五名中有四个省份位于西部地区。GDP 排名第一的广东省 2017 年 GDP 为 89 879.23 亿元，当年排名最后的西藏自治区为 1310.63 亿元，两地相差 88 568.60 亿元；2018 年广东省 GDP 为 97 277.77 亿元，西藏自治区为 1477.63 亿元，两地相差 95 800.14 亿元；2019 年广东省 GDP 为 107 671.07 亿元，西藏自治区为 1697.82 亿元，两地相差 105 973.25 亿元。虽然各地区的 GDP 都在增长，但由于受到地理、交通、经济基础以及人才保有量等因素的影响，"马太效应"仍然存在于东西部地区之间，中东部地区的发展速度明显快于西部地区，中东部地区的资源、就业机会和可发展的平台也比西部地区多，西部地区高校的毕业生在中东部地区更容易获得就业

机会，得到更好的自我发展。

然而青藏地区高校毕业生，特别是少数民族毕业生更倾向于选择留在西部地区，特别是回生源地就业。以青海民族大学毕业生为例，2016—2020届毕业生中，选择在西部地区就业的比例分别是74.0%、71.1%、66.15%、65.38%及68.42%，选择留在青海就业的比例是59.7%、56.0%、59.3%、51.6%及57.7%，其中大部分为青海本省生源。

虽然说留在西部支援边疆建设是一种高尚情操的体现，但从个人发展角度看，如果出生、成长、求学到工作都仅限于西部地区，故步自封，既不利于开拓个人的眼界，扩大自身的格局，有成为"井底之蛙"的危险，同时也会错失许多优质就业机会，个人能力水平的发展也将受到一定限制；从社会发展角度看，这种"自循环"模式不利于区域经济的发展，特别是对于少数民族聚居的青藏地区而言，少数民族毕业生抱着这种"从哪里来回哪里去"的就业观念择业，不利于农牧区城镇化建设进程，不利于少数民族文化与汉族文化的交融，会对于铸牢中华民族共同体意识造成一定障碍。

2.就业竞争力薄弱导致用人单位形成不良刻板印象，造成就业歧视，不利于少数民族毕业生充分就业

根据2015年出台的《国务院关于加快发展民族教育的决定》中相关的要求"按照国家考试招生制度改革的统一要求，保留并进一步完善边疆、山区、牧区、少数民族聚居地区少数民族考生高考加分优惠政策"，青藏地区许多学生在高考录取时享受着分值不等的加分政策，这种政策不仅针对少数民族，作为在艰苦地区做贡献的补偿，长期在青藏地区环境恶劣区域工作或生活的汉族家庭考生高考时也享受不同程度的加分，因此，录取分数并不能真实地反映这部分学生的学业水平。以青海省为例，高考投档时"对连续在牧区（六州）工作15年以上、现仍在牧区工作的汉族干部职工子女和世居牧区的汉族群众子女，其户口在当地、从小学到高中全过程与当地少数民族学生接受同等教育条件者，增加10分投档。其中，在玉树藏族自治州、果洛藏族自治州从初中一年级起至高中毕业一直在当地就读，父母在当地工作10年以上、现仍在当地工作的汉族干部职工子女，增加20分"。

"少数民族考生在向省内外院校投档时，增加20分。其中在向全国省属院校投档时，再给六州少数民族考生增加15分，累计为35分"。青藏地区高校中西部生源，特别是青藏地区生源多，少数民族比例高，加上享受边远地区照顾政策的汉族考生，使得享受加分政策后入校的学生占比较高。除个别发挥失常或超长的情况外，高考分数能体现出一名学生的学习能力和水平。通过大分数加分进入高校的学生，虽然与他人享有同样的学习资源，却不一定具备同样的学习能力，这种欠缺很难

在短时间内弥补，而且由于这种学习基础和能力上的差异，会使学生的自信心受到打击，陷入"内卷化"的僵局，很难在学业上取得理想成绩，这在英语和计算机过级能力上表现得尤为突出。学业成绩的差距最终会导致就业竞争力的差距，表达能力的欠缺也是这一地区高校毕业生就业中的硬伤。许多学生在上大学之前生活轨迹较为单一，较少参与社会活动，鲜有展示自我的机会，语言表达能力没有得到很好的锻炼，加之部分学生的母语不是汉语，汉语基础比较薄弱，汉语理解能力和表达水平均不尽如人意，最终造成"酒香"却因为"巷子深"而无法实现理想就业的局面。

青藏地区高校的教学资源与其他地区存在差距。由于青藏地区地处偏远，自然环境相对恶劣，经济发达程度与国内其他地区，特别是中东部地区也存在较大差距，许多高精尖人才不愿意来此就业，导致青藏地区许多高校难以招聘到特别优秀的教师来校任教，同时部分优秀教师也被其他地区吸引，在觅得良机后选择离开，导致青藏地区高校人才流失。虽然青藏地区高校的硬件设施日趋完善，但教师队伍的整体水平与中东部地区还存在部分差距，从而影响教育教学水平和教学质量。

种种原因叠加，导致青藏地区许多高校毕业生，特别是少数民族毕业生毕业时专业知识水平不够深厚广博，语言表达不够流畅准确，实践动手能力有所欠缺，在与其他地区高校毕业生同台竞技时往往难以取得亮眼成绩，久而久之会使用人单位形成不良的刻板印象，产生就业歧视。这无疑会对铸牢中华民族共同体意识造成阻碍。特别是在疫情对就业市场的冲击下，用人单位对人才质量的要求高于往年，招聘数量却低于往年，增加了就业能力欠佳的少数民族毕业生的求职难度，也为铸牢中华民族共同体意识带来了新的考验。

3.进入体制内的意向过于强烈，不愿进入企业就业，导致地区间经济差异缩短缓慢，不利于增强对国家的认同感，不利于中华民族共同体意识的建立

进入体制内工作意味着收入稳定性高、失业风险性小、社会认可度高、社会资源丰富，这些优势深深吸引着许多青藏地区高校的毕业生。以青海民族大学为例，该校对其2020届本专科毕业生进行就业意向调研，参与调研的2283名毕业生中62.68%的首选就业行业是进入事业单位或政府机关。具体就业意向见表1。

表1　青海民族大学2020届本专科毕业生首选行业分布

行　业	事业单位	政府机关	基层项目	选调生	国有企业	其　他
人数	871	397	92	71	532	320
占比/%	38.15	17.39	4.03	3.11	23.3	14.02

注：表中"其他"情况包括：民营企业、外资企业、自由职业、自主创业、部队及其他行业。

　　该地区许多高校的毕业生对于进入体制内抱有执念，部分家庭甚至认为没有一份体制内的工作就不算工作，无关乎薪资待遇的高低，甚至将能否进入体制内与未来的婚姻质量挂钩，认为体制内的工作可以吸引更优质的伴侣，组建的家庭根基会更牢固、更稳定。他们把考入体制内作为就业的不二之选，为此不惜付出高昂的时间成本、经济成本，错过一个个进入优质企业就业的机会。造成这种现象的原因一方面，来自家庭因素的影响。青藏地区高校少数民族毕业生大多来自西部农村或牧区，这些区域交通相对闭塞，经济欠发达，区域内的企业多为小微企业，无法体现出企业真正的魅力和影响力。同时这一地区的许多家庭对于中部地区及东南沿海地区的经济发展和经济形态缺乏深入了解，外出务工也多是从事与体力劳动相关的行业，对于企业的内涵理解和认识不够全面，加之受到传统的"学而优则仕"的思想的影响，许多家长认为进入体制内才算真正的出人头地，才可以改变家庭乃至一个家族的经济和社会地位。因此，体制内的"铁饭碗"成为最理想也是唯一被认可的归宿，企业优厚的待遇或平台以及一次次备考的挫败也不能动摇他们进入体制的决心。这种理念根植于许多青藏地区家庭，藏族家庭尤为突出。受疫情的影响，许多中小微企业面临停产或关停，体制内工作的优越性得以体现，这进一步坚定了这一群体进入体制的决心，同时，许多原本在选择体制还是企业间摇摆不定的毕业生也将天平倾向前者，其中不乏许多优秀人才，这无疑进一步增加了那些抱定进入体制内却存在应试能力较差、语言表达欠佳等问题的毕业生圆梦的难度。另一方面，毕业生在就业时存在从众的心理。许多毕业生没有清晰的职业规划，社会实践经历有限，对各个行业领域，不同性质的工作缺乏准确认识，不知道自己喜欢或者适合从事什么样的工作，当看见别人都热衷于参加公务员或事业单位招考时，也奋不顾身地参与其中，导致备考体制内的队伍不断壮大，进而吸引更多的盲从者"滚雪球"般地加入。

　　青藏地区高校毕业生倾向于留在西部地区就业，却不愿投身企业，这会导致地区人才结构失衡，为区域经济发展带来阻碍。作为经济欠发达区域的青藏地区，如果缺少"下得去，干得好，留得住"的高学历人才投身经济建设，势必会影响经济发展速度，特别是与中东部地区进行比较后，青藏地区的居民难免会产生心理落差，削弱对国家的认同感，不利于中华民族共同体意识的建立。

二、以铸牢中华民族共同意识为导向优化青藏地区高校就业选择

1. 加强就业政策的宣传和引导，从思想上扭转固有就业观念

　　政策引导包括对就业形势的分析和对就业政策的宣传讲解，面对的对象既有

学生本身也要包括其家人。许多毕业生在就业过程中对于就业的形势和政策缺乏了解。以青海民族大学为例，该校对其2019年以及2019年之前毕业的少数民族大学生就业情况进行调研，在收集到的692份有效问卷中，221人认为就业形势与政策是就业指导中最重要的内容，占比31.94%，是重要度最高的选项；308人认为宣传和解释国家有关就业的方针政策是就业指导工作中最应该加强的内容，占比44.51%，占"就业指导应加强的内容"选项之首。在对该校历年选调生的调研中，就业形势与政策也被认为是就业指导中最重要内容（占比37.5%，位列所有选项之首），是应该被加强（占比51.25%）的内容。由于对就业形势和政策的迷茫，会导致毕业生在择业时过于保守谨慎，不敢轻易尝试未知的领域和地域，也容易被他人的思想和意志左右，不愿意离开自己熟悉的家乡去建功立业。因此，加强对大学生就业形势和政策的宣传、讲解是十分必要的，这里的大学生不单指毕业生，而是包括所有在校大学生。因为思想观念的转变不是一朝一夕能形成的，是一个日积月累、潜移默化的过程，这种转变可能需要通过整个大学生涯来完成。另外，对学生家长进行就业政策和形势的宣传也是十分必要的。大学生在离开学校、踏入社会之前，对于"工作"的概念是十分模糊和迷茫的，这导致了他们在择业时会缺乏主见，进而将如何选择工作、选择什么工作、选择去哪儿工作的主动权交付到自己最信赖也是最愿意帮助自己规划人生的亲属身上，如果亲属的择业观念陈旧落后，势必导致毕业生就业的局限性，因此很有必要通过地方政府、就业相关机构在各地区针对就业形势、政策进行宣传讲解，同时高校辅导员以及其他就业工作相关人员也应与大学生家长进行沟通，介绍当前就业形势和政策，帮助学生家长厘清思路，找准就业方向。

青藏地区高校毕业生，特别少数民族毕业生对就业政策越了解，就业思路就越开阔，就业的选择就越多元。这种多元既是就业行业的多元化，也是就业区域的多元化，当青藏地区高校的毕业生越来越多地选择不同领域不同地域就业时，民族之间的融合度就会越高，中华民族共同体意识就越容易铸牢。

2. 提升整体综合实力，消除自身劣势，增强就业竞争能力

无论是进入体制内，还是去其他行业、领域就业，强大的综合素质都是核心竞争力，要想在激烈的竞争中脱颖而出就必须提升自身的就业能力。大学生要摒弃"推、拖、怕、懒"的思想，积极进取，提高求职能力。首先，要提高对专业知识和技能的掌握、运用能力。大学期间的学习过程就是通过专业化培养和训练，完成对某一领域专业知识了解、掌握和运用的过程，通过四年或者更长时间地学习，毕业生应初步具备为用人单位提供相应支持和服务的能力。要实现这一目的需要学生花费大量的时间和精力，认认真真对待所学课程，踏踏实实进行学术研究，

这样才能在求职的过程中脱颖而出，一击必中。其次，要提高对办公软件的使用能力。在办公自动化越来越普遍的今天，熟练掌握办公软件的用法已经是求职的必备技能之一，但许多青藏地区高校的毕业生对于 word、excel、powerpoint 等办公必备软件的使用方法并不熟悉，这一点从计算机等级的过级率上可见一斑。因此要想觅得一份好工作，并且能迅速适应新岗位就必须提高毕业生的办公软件使用水平。大学期间应有意识地加强办公软件方面的学习，既可以通过学校开设的计算机基础课程学习，也可以通过网络、专业书籍等方式自学。最后，要提高人际交往的能力。青藏地区高校毕业生中西部偏远地区学生比例较高，他们在中小学期间很少在公众场合发言，口语交际能力很少得到锻炼，特别是一些少数民族学生，由于母语不是汉语，在语言表述上存在一些障碍，胆怯加上没有当众发言的经验，导致许多学生不愿意进行人际交流，当众发言时胆小怯懦，这在求职过程中是相当致命的。因此必须有意识地培养和锻炼自己的人际交往能力，多与老师、同学进行交流，参加学校社团活动，有余力时做一些课外兼职，锻炼自己的沟通技巧和表达能力，毕业时要做到表达时口齿清楚、清晰准确，待人接物落落大方、自信稳重，让人际交往能力成为自己应聘的加分项。

当青藏地区高校毕业生就业竞争力越来越强时，其就业过程中的表现就会越来越自信，特别是对于少数民族毕业生来说，当不再对汉族毕业生的能力水平望尘莫及时，就不会再有距离感，民族之间的融合就更容易形成。

3. 高校充分发挥育人功能，为学生提供各类就业帮扶，助其顺利就业

大学生要实现从学生到职业人的蜕变并不是从离开校门的一瞬间自动完成的，如果缺少了在校期间的必要辅导和铺垫，很难在短时间内适应身份的变化。因此，大学期间的就业帮扶就显得尤为重要。首先，对大学生就业观念和行为的引导，这种引导不应是毕业前的"临门一脚"，而应该贯穿整个大学生涯。如果学生在大学入校时就对自己职业生涯发展有明确的规划和思路，在大学毕业时对自己的职业兴趣、性格、能力以及工作世界有清晰的了解，求职时就不会感到迷茫和慌张，更容易找到适合自己的工作。因此，学院在新生入学教育时要讲明各专业未来职业发展方向及相关要求，帮助新生对所学专业的职业走向有初步认识；辅导员、班主任及学业导师作为学生的引路人，应不定期向学生阐述学生所学专业领域的就业情况、行业动向；学校就业相关职能部门应为学生开设职业生涯规划及就业创业指导相关课程，帮助学生整理求职思路，找准求职方向。其次，从实践活动方面提供支持。学院和就业职能部门还应该各自发挥所长，利用各自资源邀请不同领域专家精英来校为学生举办就业创业指导讲座，为学生提供与用人单位面对面的机会。就业职能部门举办一些就业能力提升活动，如职业生涯规划书设计大赛、

模拟招聘大赛等，邀请专业人士或企业负责人作为大赛评委，帮助学生规划职业方向，提前感受职场氛围。同时就业职能部门还应设立就业创业相关研究课题，为研究就业创业工作的教师提供支持，学院和就业职能部门要利用各类渠道和资源举办各类型招聘会，为毕业生提供各类就业岗位，推进就业指导工作的顺利进行。

高校具有传播知识、培养人才、科学研究和服务社会的功能，而服务社会是现代高校的最终目的。当青藏地区高校的学生通过学校的教育引导，建立端正的人生观和价值观并找到了心仪的工作时，无论是学生本身还是其家庭都会对学校、社会和国家感到认可，这种认可会增强各民族间的凝聚力，减少民族矛盾的产生，促进中华民族共同体意识建设的进程。

三、以铸牢中华民族共同意识为目标的就业选择

疫情对高校毕业生就业的影响并没有随着国内疫情的稳定而减弱，相反，由于中小微企业在疫情中受到重创，提供的就业岗位大幅缩减，为稳就业，国家从国企、央企以及行政事业单位拿出大量岗位解决 2020 届毕业生的就业问题，其中占用了部分 2021 年的招聘指标，增加了 2021 届毕业生进入体制或者国企、央企的难度。全球经济受疫情影响持续下行，未来几年的招聘情况仍未可知。但面临就业挑战的同时，疫情也催生或者促进了一些新兴职业和领域的发展。因此，青藏地区高校毕业生应放宽求职的条件和眼界，拥抱更多的可能，从而实现更充分和更高质量的就业，毕业生的安居乐业会带动千万个家庭的幸福稳定，特别是对于少数民族家庭，少了就业的后顾之忧，中华民族共同体意识也将更加深入人心。

1. 到生产制造及服务等传统实体行业就业仍是就业主渠道

虽然许多青藏地区高校毕业生期望进入体制内工作，但最终的归宿大多落在了生产制造业及服务业等实体行业。以青海民族大学为例，高校毕业生就业信息管理系统显示该校 2016—2019 届本科毕业生毕业半年后就业单位为企业的比例分别是 52.28%、60.76%、59.26% 及 64.01%，其中进入非国有企业的比例是46.39%、50.78%、44.90% 及 49.47%，进入国有企业的比例是 5.89%、9.98%、14.36% 及 14.54%。而进入体制内（含临聘）的毕业生占比为 23.40%、20.97%、18.76% 及 17.32%。第三方调研机构给出的结论为：2016 届毕业生主要就职于企业（57%），其中民营企业 / 个体的比例为 41%，国有企业的比例为 16%，就业于政府机构 / 科研或其他事业单位的比例为 38%；2017 届毕业生主要就职于企业（54%），其中民营企业 / 个体的比例为 36%，国有企业的比例为 18%，就职于政府机构 / 科研或其他事业单位的比例为 40%；2018 届本科毕业生主要就职于企

业（63%），其中民营企业／个体的比例为39%，国有企业的比例为25%，就职于政府机构／科研或其他事业单位的比例为32%；2019届毕业生主要就职于企业（66%），其中民营企业／个体的比例为35%，国有企业的比例为31%，就职于政府机构／科研或其他事业单位的比例为30%。两个路径统计的时间节点均为毕业半年后，虽然结果略有差异，但是都能反映出该校毕业生的主要去向是企业而非体制内，即便是在体制内工作，也并非都是编制内人员。从全国情况来看，《2020年大学生就业力报告》显示"高校毕业生就业景气较好行业排名与全国基本一致，但排名略有差异，分别为中介服务行业、教育／培训／院校、房地产／建筑／建材／工程、互联网／电子商务、保险业等"。由此可见，实体行业，特别是服务行业就业是大多数毕业生最终的落脚点，青藏地区高校毕业生也不例外。

2. 与时俱进，跳脱传统就业思维，实现"互联网+"就业

2004年教育部办公厅下发了《教育部办公厅关于进一步加强和完善高校毕业生就业状况统计报告工作的通知》，启用重新修订的毕业生就业状况统计办法，此后的十几年全国各大高校一直以此文件为依据，作为高校毕业生就业的认定标准。然而，随着社会经济和科技的发展，许多新的产业、行业和模式得到迅速发展，大量的劳动力投入这些新兴的领域中，仍然沿用过去的就业去向认定标准已经显得有些不合时宜，同时"在今年疫情防控过程中，也催生了一些新职业"。鉴于以上种种原因，2020年6月国务院办公厅下发了《关于严格核查2020届高校毕业生就业数据的通知》，对于高校毕业生就业去向的界定标准重新进行了认定，其中最大的变化是将开网店等利用互联网创业的形式纳入自主创业的范畴，将互联网营销工作者、公众号博主、电子竞技工作者纳入自由职业的范畴。

与传统行业相比"互联网+"就业具有以下特点：一是雇佣关系更加多样化，从业者可以在受雇于他人的同时，自己在网络中做老板进行经营，抑或是受雇于全职工作的同时也参加兼职工作；二是从业者可以不再拘泥于朝九晚五的工作模式，根据自身的情况合理安排工作时间；三是工作中的层级概念逐渐被模糊，组织里不再有复杂的组织架构，而是扁平化的工作模式。"互联网+"就业的发展也带动了Big data、Cloud computing和多种模式的网络经济的发展，衍生出许多新型产业和业态。

"互联网+"就业的形式主要有两种。一是通过B2B、B2C、C2B、C2C、O2O等互联网经营模式实现从线上到线下的交易，其本质是通过满足人们物质生活的需求而获利，买卖双方在现实中也可能会产生接触，其获利方式非常直接，没有隐蔽性。比如淘宝网、美团等互联网企业提供平台，个体或商家依托此类平台进行销售的形式。二是通过互联网，卖方向买方提供虚拟服务，满足买方精神

层面的需求，比如网络主播、公众号博主、游戏业个体工作者等。这类职业更多的是通过满足人们猎奇、崇拜、从众、共鸣等精神层面的需求引发人们的消费欲望，最终实现获利的目标，其获利的过程具有一定诱导性和隐蔽性。许多网络平台还开发出周边产品，与网络直播、视频等内容相结合，既可以通过收取虚拟物品的方式获利，也可以通过视频的带动效应取得收入，那些直接通过网络带货的主播或博主收入更为可观。国家把网络主播、公众号博主、游戏业个体工作者等网络职业纳入自由职业的范畴，既是对互联网催生的新兴产业的认可，也是对高校毕业生多种形式就业的引导。这预示着高校毕业生未来的择业方向已经不再拘泥于考取编制或是实体经营的企业内，而是可以将目光放到更宽广的网络领域。

网络购物、网络音视频已经成为人们生活中不可或缺的一部分，日益蓬勃的网络经济为社会提供了大量的就业机会。网络行业因其具有入职门槛低、工作环境轻松、工作时间自由、工作收入丰厚等特点成为各年龄段各层次人群竞相分食的蛋糕。大学生在经过系统的理论学习，以及大学期间创新创业能力的训练后，掌握各类专业知识，具有较强的专业素养、思辨能力以及优质的创意和想法，语言表达能力、文案策划水平和写作功底也优于低学历人群，具有更强的竞争力，更容易在网络行业的各个领域中脱颖而出：大学生在从事 O2O、C2C 等网络销售工作时更容易对所售产品进行清晰、准确、美观的描述，对团队进行科学有效的管理，对客户提出更专业化的意见和建议，更容易实现线上交易；在从事网络主播、公众号博主等 UGC（user-generated content）、PGC（professionally-generated content）等模式的行业时，更容易打造个人 IP，吸引粉丝获得收益。

网络销售行业从鱼龙混杂、真假难辨，到优胜劣汰、强者生存，网络直播从卖傻充愣到传播中国文化，从昙花一现到千万粉丝，随着时间的沉淀，网络销售的秩序越来越井然有序，网络平台的观众也由"看热闹"变成"看门道"，网络另一端的消费者对产品的质量和服务的要求越来越高，对网络平台中播放内容的品质以及主播、博主的水平、素养要求也越来越高。与低学历人群相比，大学生更容易制作成高品质的 UGC 内容，甚至有可能直接从 PGC 模式入手。据中国互联网信息中心统计数据，从平台流量看，以某短视频拍摄平台为例，虽然其 90% 以上的作品来自 UGC 模式，但 PGC 模式的观看量却远远超过 UGC 模式，占到播放量的90%。UGC 模式以其制作成本低、技术要求低，流量的吸附力强等特点受到许多草根用户的追捧，但它的弊端在于基于内容产生的社交关系链较弱，社群经济开发价值很低，平台难以凭此产生广告受益，而 PGC 模式则是带有 IP 价值和电商营销价值的优质内容，其可传播性也优于 UGC，利于 PGC 制作团队实现商业化，平台还能参与分成，广告主在平台的投放也变得更加有效，因此 PGC 更加适合发挥

IP 和消费价值,为网络主播、公众号博主带来更高的收益。但是从 PGC 模式的字面含义可知,这是需要专业背景才能参与的模式,低学历人群往往很难跨入 PGC 的范畴,而大学生则具有强大的教育背景,更容易在 PGC 领域站稳脚跟。

青藏地区有其特殊的物产,该地区高校毕业生如果能独具慧眼,整合资源,利用互联网销售青藏地区特产,不失为一条求职致富的途径。另外,该地区高校毕业生,特别是少数民族毕业生,具有不同的民族特色,如果能以 UGC 或者 PGC 模式参会互联网行业就业,展示青藏地区得天独厚的人文地理、风土人情,既能增强民族间的相互了解与交融,也能为自己带来经济收入。

3. 考取科研助理岗位,积累专业知识、学术资源和工作经验,为厚积而薄发做准备

2020 年 5 月,科技部、教育部、人力资源和社会保障部、财政部、中科院、自然科学基金委发布《关于鼓励科研项目开发科研助理岗位吸纳高校毕业生就业的通知》,鼓励承担国家科技计划科研项目的高校、科研院所、企业等单位开发科研助理岗位,吸纳高校毕业生就业。科研助理岗位不但为寻找工作的毕业生提供了就业机会,也为考研失利、出国留学暂缓的毕业生提供了一份过渡性的工作。对于寻找工作的毕业生来说,科研助理岗位既解决了其就业问题,也增强了其科研能力,日后如果有更换工作的需求,科研助理的经历,特别是参与完成的科研成果也可以成为个人简历里抢眼的内容,增加求职成功的概率。对于考研失败准备"二战"的毕业生来说,科研助理岗位工作地点在高校,有着良好的学习氛围,学习资源较为丰富,在做科研的同时可以提升专业素养,巩固和加强专业知识,对于考研有一定的促进和推动作用。对于有读博意愿的研究生毕业生来说,可以申请与自己读博方向一致的科研助理岗位,增加自己专业知识的深度和广度,为将来攻读博士打好基础。

四、结　语

青藏地区是一个民族多元化、文化多元化、宗教多元化的地区。该地区学生带着这些多元的特征从城市,从农村、从农区、从牧区汇聚到此地的高校,大家相互了解、相互学习、相互包容,在校园这个集体中和谐共存。实现就业是各民族学生汇聚于此的最终目的,如果在达成就业时,各民族毕业生之间不再有能力、认识上的差异,能齐头并进,在各个行业各个领域中实现理想就业,对于每一个家庭来说,可以提高生活质量和幸福感,增强少数民族与汉族之间的融入感,加深对国家和社会的认同感;对于国家来说,能够推动城乡一体化建设进程,加快

地方经济发展速度，更能铸牢中华民族共同体意识，建立更加强大、更加繁荣、更加富强的社会主义国家。

参考文献

［1］李筱琛．少数民族高考加分政策正当性分析——基于受教育权利平等的视角［D］．首都师范大学，2014.

［2］周亚娟，潘永惠，朱永林．地方职业学校毕业生职业发展中期追踪调查研究——以江苏省江阴中等专业学校为例［J］．无锡商业职业技术学院学报，2018，18（06）：86-90.

［3］田银龙．转变学生就业观念策略研究——以西藏藏医药大学为例［J］．文化创新比较研究2019，3（32）：107-108.

治理观察

疫情防控视域下铸牢中华民族共同体意识探析

韩喜玉 *

摘　要： 新冠肺炎是对全球公共卫生防御体系及国家制度及其制度效能的一次考验，更是对一个国家和人民凝聚力和向心力的考验。面对疫情，不同国家和国民做出了不同的应对措施和响应，有些国家由于疫情导致社会更深层次的撕裂，而中华民族却表现出强有力的凝聚力，其背后是国家发展奠基的雄厚的经济基础、社会主义制度优越性体现、制度建设取得的重大成效、中华民族共同体意识培育及中华民族精神强化基础上形成的共同体意识。

关键词： 疫情防控；中国制度；中华民族精神

庚子岁首，一场突如其来的疫情席卷世界各地。这场疫情让我们真切地感受了太平盛世的"兵荒马乱"，看不见的病毒让我们无力，诡异的传播方式让我们恐惧，铺天盖地的各类信息让我们恐慌。但是，经过了疫情暴发初期的忙乱，很快我国就稳住阵脚，快速应变，正确研判，快速决策，精准施策，全国人民众志成城，守望相助，手足相亲投入到了抗击疫情的斗争中。经过全国人民的共同团结奋斗，在疫情暴发 4 个月后，我国基本控制住疫情传播；大概 8 个月后我国疫情防控取得阶段性胜利，全国各地生产生活基本恢复正常。但世界其他地区和国家，疫情还在持续，由于疫情而引发的社会深层次的矛盾还在不断发酵，对世界其他地区带来很多未知变数和不安全因素。

通过本次疫情，让我们更加清楚地看到也更加清晰地认识到，疫情是对人性、国家、制度、规则及一个国家和民族精神的实战考验，病毒没有价值观取向、不分强弱、不辨种族，对每个国家来说是一次公平公正的考验；疫情考验没有预设场景、没有徇私舞弊、没有推倒重来，以生命的代价作为唯一验收的标准。时至今日，中国面对这场前所未有的闭卷考试，交出了一份满意的答卷。

* 韩喜玉（1977—　　），女，藏族，青海民族大学民族学与社会学学院副教授，民族学博士生，主要从事马克思主义民族理论研究。

2020年9月8日，习近平总书记在全国抗击新冠肺炎疫情表彰大会上发表的重要讲话中指出，"在过去8个多月时间里，我们党团结带领全国各族人民，进行了一场惊心动魄的抗疫大战，经受了一场艰苦卓绝的历史大考，付出巨大努力，取得抗击新冠肺炎疫情斗争重大战略成果，创造了人类同疾病斗争史上又一个英勇壮举！"①

"一个国家的制度优势和治理效能是怎样充分体现出来的？制度优势是一个国家的最大优势，制度竞争是国家间最根本的竞争。"②归根结底，突发公共卫生安全事件主要考验的是一个国家的基本医疗条件、设施，应对能力以及应对制度和效能。同时，在未来世界，各个领域中的突发公共安全事件会层出不穷，未来制度竞争是国家间的最根本竞争。中华民族精神是我国各民族在漫长的历史发展过程中逐步形成的生活方式、理想信念、价值观念的文化浓缩，是中华民族赖以生存和发展的精神纽带、支撑精神和动力源泉，是我们面对困难时激发国民内生动力的引擎。延续历史的基因，结合现实的发展，通过民生改善、文化浸润、制度保障及理念教育等方式，中华民族共同体意识得到了全民的共识。疫情阻击战取得重大胜利，得益于中国特色社会主义制度取得的巨大成就、伟大中华民族精神的引领和中华民族共同体意识的强化。

一、改革开放40多年发展成就为铸牢中华民族共同体意识奠定了物质基础

瑞士学者安德烈亚斯·威默在《国家建构：聚合与崩溃》一书中认为，民族国家认同不是族群同质性的产物，而主要是由公共物品的包容性提供所产生的③。所以当社会发展到一定程度，尤其是一个国家不再受到外来势力的侵略和干扰，民众就会把关注的重点转移到国家内部，寻求国家在公共事务中的在场和对民众生活的保障。需要国家在公共事务、教育及特需医护等方面提供支持和保障，代表国民利益的政府要努力满足各民族对于公共物品的需要，提高生活品质和品位，以积极有效的公共物品增强各族人民的凝聚力，在美好生活建设中培养和升华共同的感情和共同的价值观。尤其是面临像"新冠疫情"这样的公共安全事件，民众更需要国家在生活保障和医疗保障方面提供支持和保障。

---

① 习近平.在全国民族团结进步表彰大会上的讲话［N］.人民日报，2019-09-28.

② 刘忠勋.从疫情防控看我国制度优势和治理效能［N］.中国社会科学网，2020-03-13.

③ ［瑞士］安德烈亚斯·威默.国家建构：聚合与崩溃［M］.叶江，译.上海：上海人民出版社，2019.

习近平总书记在讲话中提道："打疫情防控阻击战，实际上也是打后勤保障战。"① 因此，这次疫情的突发，是对我国国家综合实力的一次考验，尤其是对改革开放 40 多年来的经济发展水平、社会保障能力、技术创新能力的综合考验和实战演练。从疫情防控的全过程看，中国道路奠定的强大的物质基础和科技实力是战胜疫情的物质基础。疫情暴发初期，在国家统一统筹调配下，抗疫物资和疫情重灾区生活物资源源不断地从全国其他地方调配到抗疫第一线。尤其是防护服、呼吸机等重要医疗物资的快速集结和投入使用，奠定了疫情防控的基础。同时，国内各个企业和生产单位也快速做出反应，通过调整生产线、技术研发和科技创新，生产疫情防控短缺的物资和设备，为疫情防控提供了技术和物质保障。在全国人民的一道努力下，时至今日，疫情防控取得阶段性的胜利，危机应对从容有效。这得益于新中国成立 70 多年尤其是改革开放 40 多年来我国社会主义现代化建设积累的雄厚的经济实力和科技实力。

改革开放以来，我国经济建设取得了巨大的成就，人民物质生活水平有了质的提高。应对突发公共卫生安全事件，需要大量的资金投入，并且医药卫生产品大部分都是一次性的，高消耗的用品，需求量大。本次疫情防控中如果没有强大的经济的支持和保障，那也是"心有余而力不足"，医务人员和防控人员有再高超的技术、再高的责任心也没办法投入到抗疫的工作中。国内感染人数达到了近 10 万人，国家对符合条件的所有中国公民实行了免费治疗，并且对部分困难群体进行了特殊的补助和救助。财政部应对疫情工作领导小组办公室主任、社会保障司司长符金陵说："这次疫情暴发以后，各级财政部门按照党中央、国务院的决策部署，迅速反应，及时应对，我们出台了一系列的财税保障政策，切实做好经费保障工作，截至 2 月 13 日各级财政支出 805.5 亿元，其中中央财政安排了 172.9 亿元"，这些资金主要用于武汉的疫情防控、患者医疗救治补助、一线医务人员零时性工作补助、防控设备、物资采购、医院建设、基层公共卫生服务经费和基层防疫经费、疫苗研发等。②

民众在自身不可控的危机和灾难面前，急需国家在场和提供安全保障。改革开放 40 多年来中国在经济领域和基础设施建设领域取得的巨大成就是战胜疫情的物质基础和保障，国家在疫情防控工作中保证资金、生活物资、医疗物资及时和充分供应，有效缓解和消解了民众对疫情的恐慌和不安，增强了对国家的信任度

---

① 习近平：在统筹推进新冠肺炎疫情防控和经济社会发展工作部署会议上的讲话［N］.新华网，2020-02-23.

② 资源源于财政部网页：finance.china.com.cn，2020-02-14.

和依赖度，强化了国家认同和中华民族共同体认同。

二、以人民为本的理念是铸牢中华民族共同体意识的情感基础

铸牢中华民族共同体意识，必须体现人民的主体性意识。人民群众是社会变革的决定性力量，这是历史唯物主义最基本的观点，这也是中国特色社会主义制度的基本立场，也是铸牢中华民族共同体意识的主体，防疫工作中我国始终坚持以人为本、依靠人民的价值理念，充分发挥了人民的历史主体性地位、充分调动人民的积极性、充分激发人民群众的智慧和力量，在疫情防控中发挥了重要的作用。

人民至上是中国共产党始终不变的情怀。人民至上不仅是中国精神的特色，也是党和国家决策行动的出发点和落脚点。为中国人民谋幸福，为中华民族谋复兴，这是党的初心和使命。在疫情防控中，习近平总书记反复强调，"要把人民群众生命安全和身体健康放在第一位"①，要求医务工作人员全力以赴救治患者，将人民群众对生命健康的价值诉求作为党和国家的价值追求，在疫情防控中不断兑现初心、落实使命，表现出了鲜明的人民至上的情怀。国家不计成本、不计代价全力以赴抢救患者，各级政府和组织甚至企业也放下手头的工作和企业的利益，全力以赴投入到抗疫的斗争中，"人民需要什么我们就生产什么"体现了国有企业的担当和使命。自上而下，各级政府组织、社区工作人员和志愿者都不计个人安危，为这场抗击疫情斗争的胜利作出了自己的贡献。中国人民达到了高度的团结和自觉。

中国共产党心系人民、情系大众、人民至上、生命至上的使命担当，是坚持和发展中国特色社会主义的根本政治立场，是打赢疫情防控阻击战的最大执政底气。坚持群众路线，以人民为根本，始终坚定地同人民在一起，为人民谋福利，是马克思主义政党最本质的特征。本次疫情传播速度快、感染范围广、防控难度大，对中国来说是前所未有的考验。从本质上说，是对我们党和国家的宗旨、理念的考验，即对党和国家"初心"和"使命"的考验。生命重于泰山，疫情就是命令，防控就是责任。习近平总书记指出："疫情发生以来，党中央一开始就明确要求把人民群众生命安全和身体健康放在第一位，党中央采取的所有防控措施都首先

---

① 习近平：要把人民群众生命安全和身体健康放在第一位坚决遏制疫情蔓延势头［N］.人民网，2020-01-21.

考虑尽最大努力防止更多群众被感染，尽最大可能挽救更多患者生命。"①疫情防控阻击战的斗争实践，再次充分彰显了党中央坚持"人民至上、生命至上"的执政理念、赤子情怀与使命担当。也正是我们党牢牢坚持人民主体地位，始终把人民利益摆在至高无上的地位，才奠定了14亿中国人民勠力同心、战胜疫情的强大根基与最大底气。

"人民是历史的创造者，人民是真正的英雄"，"只要我们紧紧依靠人民，就没有战胜不了的艰难险阻"。中国共产党来自人民，服务人民，全心全意为人民服务是中国共产党的宗旨。中国共产党的历史也是中国人民革命、建设、发展、富强的历史，中国共产党自成立以来，始终站在最广大人民群众的立场上，尊重和维护人民的主体地位，坚持以人民为中心的发展理念，这是中国共产党获得人民拥护、不断发展壮大的根本原因，也是中国特色社会主义制度和治理体系获得人民认同和拥护的根本原因。

以人民为本，以情凝聚力量，家国一体，把保护人民的生命财产安全当作国家的主要职责和使命，才能在极短时间内，发动全国人民积极响应党中央号召，主动居家隔离或参与到村庄、社区、单位和社会的疫情防控工作中，是人民意志体现、国民精神的体现、公民责任的体现，是我们党长期以来坚持的以人文本、以人民为本精神和理念最有效的回应和回馈。

三、坚强有力的领导是铸牢中华民族共同体意识的组织保障

铸牢中华民族共同体意识不仅是一个国家理念和国家战略，更是一系列在实践中完成的具体实践，在实践中如何将全国人民集中起来、组织起来，需要坚强的组织和强有力的领导，中国共产党各级组织在灾难面前始终和人民在一起，始终担负起组织领导责任，这是我们应对风险挑战、战胜疫魔的有力保证。

疫情发生以后，各级党组织成为疫情防控的战斗堡垒和民众的主心骨。从国家层面上，党中央高度重视疫情防控工作，多次召开专门会议，成立应对疫情领导小组，对疫情防控进行研判和科学决策，做出应对疫情的全面部署，提出管控疫情工作要求；社会层面上，各级党组织领导党员干部和群众，积极落实中央疫情防控部署，设卡、排查、走访甚至为民众买菜送药，守护一方安全，为民众排忧解难。个人层面上，普通党员积极主动参加社会志愿服务，深入社区居民家，

---

① 习近平：认真践行把人民群众生命安全和身体健康放在第一位的要求［N］.人民网，2020-02-19.

登记测温，奠定了疫情防控的底层防线。面对疫情，全国上下一盘棋，党组织发挥了战斗堡垒作用，党员干部发挥了模范先锋作用，编织出一张疫情防控的安全大网，这充分显现了党中央统揽全局、运筹帷幄的领导力和临危不乱、决战胜利的定力。

世界卫生组织总干事谭德塞强调："在中国共产党的坚强领导下，充分发挥中国特色社会主义制度优势，紧紧依靠人民群众，坚定信心、同舟共济、科学防治、精准施策，我们完全有信心、有能力打赢这场疫情防控阻击战。"[①]2月23日，在统筹推进新冠肺炎疫情防控和经济社会发展工作部署会上，习近平总书记强调："防控工作取得的成效，再次彰显了中国共产党领导和中国特色社会主义制度的显著优势。"[②]

百年来中国革命、建设、改革和发展取得的成就有力地证明了中国共产党领导的先进性和显著优势。中国共产党历来敢于斗争、善于斗争，是在斗争中锻炼成长起来的，永远是中国人民在困难和灾难面前的"主心骨"。此次抗击新冠肺炎疫情，再次凸显了党的领导的极端重要性，再次彰显了党的领导的伟大力量。面对新冠肺炎疫情重大斗争，党中央快速反应、正确决策、统一指挥、统筹调度，作出了一系列重要指示和政治决断，出台了一系列重要政策和工作安排，充分发挥了集中统一领导的作用。在党中央的统一领导下，全国9 000多万党员行动起来，分布于社会各行各业，编织成一张张疫情防控网，搭建起一个个疫情防控的堡垒，为打赢疫情防控阻击战提供了政治保证。

习近平总书记指出，"我们最大的优势是我国社会主义制度能够集中力量办大事。这是我们成就事业的重要法宝"。新中国成立以来，我国秉承"共同团结奋斗，共同繁荣发展"的理念，在重大国家战略实施、重大科技攻关、重大工程建设、重大灾害防治的过程中，逐步形成了集中力量办大事的举国体制，这种举国体制将国家发展和人民利益紧密地联系在了一起，从而我们能在重大事件面前万众一心，集中力量办大事。

在国家统一调配下，集中全国物资、设备和技术，在短短10天时间内，火神山医院、雷神山医院建成并投入使用；通过国家统一调配防疫物资和医务人员，做到了集中力量救治患者，确保应收尽收、精准救治；集中力量外防输入，确保交通检疫"滴水不漏"；集中力量内防扩散，确保社区防线织牢织密，从人员物

---

① 习近平会见世界卫生组织总干事［N］．央视网，2020-01-28.

② 习近平：在统筹推进新冠肺炎疫情防控和经济社会发展工作部署会议上的讲话［N］．新华网，
2020-02-23.

资调配、交通运输管理到社会秩序维护，从城市社区、乡村网格化管理，到对每一户家庭的发动引导，方方面面的人力、物力等被调动起来，动力澎湃。难怪世界卫生组织总干事谭德塞作出这样的评价——"中方行动速度之快、规模之大，世所罕见""我一生中从未见过这样的动员"①。疫情下的中国力量、中国精神、中国效率，正是集中力量办大事这一制度优势最硬核的展现。

四、守望相助、手足相亲是铸牢中华民族共同体意识的内在精神动力

习近平总书记指出："在几千年历史长河中，中国人民始终团结一心、同舟共济，建立了统一的多民族国家，发展了 56 个民族多元一体、交织交融的融洽民族关系，形成了守望相助的中华民族大家庭。"②中华民族在历史发展的长河中你来我往，形成了守望相助、相辅相成的亲密关系。伟大抗疫精神同中华民族长期形成的特质禀赋和文化基因一脉相承，是爱国主义、集体主义、社会主义精神的传承和发展，是中国精神的生动诠释，丰富了民族精神和时代精神的内涵。

首先，疫情防控表现出了伟大的爱国主义精神。上下一心、众志成城、英勇奋斗、同舟共济的伟大民族精神，是中国特色社会主义制度的思想文化密码，是打赢疫情防控阻击战的强大精神力量。党的十六届四中全会对中华民族精神作了概括：所谓中华民族精神是指在五千年的发展过程中形成的以爱国主义为核心的团结统一、自强不息、勤劳勇敢的中华民族精神。民族精神是一个国家、一个民族思想文化的精髓与灵魂，是一个国家、一个民族生生不息、发展壮大的强大精神动力。中华民族历来以非凡的创造、卓绝的奋斗、空前的凝聚、不绝的梦想精神著称于世，谱写了一曲又一曲保家卫国、抗击灾难、奋发图强的爱国主义精神赞歌。

其次，疫情防控表现出我国各民族守望相助、团结进取的精神。船的力量在帆上，人的力量在心上；上下同欲者赢，同舟共济者胜。在抗疫斗争中，各级党组织和广大党员干部充分发挥了战斗堡垒作用和先锋模范作用，冲锋在前、顽强拼搏；广大医务工作者展现了救死扶伤、大爱无疆的崇高精神，白衣执甲、逆行出征；人民解放军指战员展现了忠于祖国、忠于人民的政治品格，闻令而动、勇挑重担；广大人民群众展现了坚韧不拔、甘于奉献的顽强斗志，识大体、顾大局；社会各界和海外侨胞捐款捐物、送医送药，展现了同舟共济、共克时艰的深厚家国情怀。战"疫"取得的显著成效再次证明，上下一心、众志成城、英勇奋斗、

① 习近平会见世界卫生组织总干事［N］.央视网，2020-01-28.

② 习近平.在第十三届全国人民代表大会第一次会议上的讲话［J］.求是，2018-03-20.

同舟共济的伟大民族精神，是中国特色社会主义制度的思想文化密码，是打赢疫情防控阻击战的强大精神力量。14亿华夏儿女面对这场疫情，体现出了空前的团结和担当，有钱的出钱，有力的出力，积极配合政府工作，海外的华侨更体现了赤子之情。其中，一则"抱歉武汉，我们没有蔬菜，但有的都拉上了"的报道在青海人的朋友圈里广泛转发。载着一千多万生活物资的车队带着青海六百万人民的情感和寄托，从三江源头出发，将地处西部的青海与武汉紧紧地连在一起，将青海各族人民与武汉市民紧紧地连在了一起。这些都是对众志成城、大爱无疆的抗疫精神的深刻诠释，是对我国各民族守望相助、同心同德的中华民族精神的生动展示。

第三，疫情防控体现了中华民族自强不息、吃苦耐劳的精神。中华民族勤劳勇敢，吃苦耐劳，聪明智慧，具有广纳博取，开拓创新的民族精神。在疫情防控工作中，各行各业的人们表现出了超常的敬业精神和自强不息、吃苦耐劳的伟大品格。从八十多岁的老专家到二十多岁的医护人员、从留守生产员工到长途运输的司机、从居家隔离的民众到深入社区的工作人员、从海外华侨到部队官兵，都坚守在抗疫的一线，为抗击疫情贡献了他们的智慧、力量，展现了他们的自强、勇敢。

五、人类命运共同体理念是中华民族命运共同体意识的延伸与升华

"中华民族命运共同体"与"人类命运共同体"是新时代中国共产党解决国内外种种问题的经验和理念的总结与升华，二者在理念和实践上内外融通；对内，我国各民族形成休戚与共的中华民族命运共同体；对外，中国作为崛起中的强大政治共同体与邻为善、情系世界、怀抱天下。这样的理念反映了中华民族精神的博大与包容。

尽管中国的疫情防控任务依然艰巨，但当新冠肺炎疫情在全球范围内蔓延的时候，中国秉持人类命运共同体理念，为全球疫情防控分享经验，提供力所能及的帮助和支持，为促进全球公共卫生事业发展，构建人类卫生健康共同体做出了积极贡献。正如习近平主席所说，"在应对这场全球公共卫生危机的过程中，构建人类命运共同体的迫切性和重要性更加凸显。"同时，中国疫情防控经验的分享、物资和技术的支持也获得了一些国家政要、政党领导人、政府官员、国际组织代表的赞赏和感谢，他们高度评价中国为促进抗疫国际合作所作出的努力，认为这体现了中国作为负责任大国的担当，为打赢疫情防控全球阻击战注入了信心和力量。塞尔维亚总统武契奇曾三次感谢中国；意大利《共和国报》把"脸书"

主页封面图换成中国医护人员照片。在这场没有硝烟的战疫中，负责任的中国再次展现出了浓浓的大国担当。世界卫生组织驻伊朗代表哈米尔曼表示："中国向其他出现疫情蔓延的国家和地区提供力所能及的援助，与世界分享疫情防控经验，为全球合作抗疫树立了典范。"①

同时，中国本着对人民负责、对世界负责、对历史负责的态度和人类命运共同体的理念，全力抗疫，为世界抗疫斗争争取时间。为保护世界人民健康安全作出了重要贡献；分享经验，助力全球抗疫。在抗疫的同时，中国第一时间分离鉴定出病毒毒株，向世界卫生组织共享了病毒全基因组序列，为全球科学家展开药物、疫苗、诊断研究提供了重要基础。国家卫生健康委汇编了最新诊疗方案、防控方案等技术文件，及时分享给有需要的国家和地区。中国在抗击疫情过程中体现出的科学、有序赢得了国际社会的一致赞赏，中国分享的抗疫经验提振了全球战疫信心。

这场突如其来的新冠肺炎疫情，让人们更加真切地感受到了人类命运与共的重要性、紧迫性。截至 2021 年 3 月 31 日，中国政府也已经向 120 个国家和 4 个国际组织提供了包括普通医用口罩、N95 口罩、防护服、核酸检测试剂及呼吸机等在内的物资援助。疫情面前，中方的真诚援助无异于雪中送炭，给全球战疫和世界经济注入了"强心剂"。②

六、结束语

在这次全世界的抗疫斗争中，中国被推向了世界防疫战争的最前线，中国制度体现出了无可比拟的优越性，中国理念得到了世界大多数国家及国际组织的认可和赞同；同时，中国也被推到了世界舆论的风口浪尖上，甚至成了部分国家政客"甩锅"的对象，对中国的态度一度成为政客们站队的基准。病毒是全人类共同的危害，也是一种适合于全世界所有国家的试剂，可以全面测试一个国家的公共卫生防御能力、医疗卫生基础建设、国家经济基础、国家研发能力、企业应变能力；检验一个国家民众价值理念、社会公德、家国情怀以及心理素质，甚至是人性；更是对一个国家制度、道路、理论和文化的深层考核。

这次新冠疫情防控是对"以伟大创造精神、伟大奋斗精神、伟大团结精神、伟大梦想精神"为基本内涵的中华民族精神的精彩诠释和有力强化；进一步增强

① 寰平．为打赢疫情防控全球阻击战注入"中国信心"［N］．环球网，2020-04-15.

② 寰平．为打赢疫情防控全球阻击战注入"中国信心"［N］．环球网，2020-04-15.

了我们对中国特色社会主义道路、理论、制度和文化的自信；进一步凝聚了中华各民族守望相助、手足相亲的共同体意识；进一步加深了农耕文明、草原文明、海洋文明互鉴共融，共同熔铸了以爱国主义为核心的伟大民族精神。①

中华民族是一个历经磨难的民族，每一次磨难对中华民族来说都是一次历练和浴火重生，在磨难中形成了强烈的自省和自觉精神。中国的疫情防控取得了重大胜利，但是世界处在"百年未有之大变局"中，新的考验和挑战永不停息，未知领域的困难和风险时刻存在，在风雨飘摇的世界格局中行稳致远，这就需要全国人民勠力同心，同舟共济，铸牢中华民族共同体共有家园。

参考文献：

［1］方堃，明珠.多民族文化共生与铸牢中华民族共同体意识［J］.河南师范大学学报（哲学社会科学版），2020，47（05）：9-15.

［2］马俊毅.中华民族共同体意识的现代性内涵［J］.中南民族大学学报（人文社会科学版），2020，40（05）：15-21.

［3］唐贤秋，吴成林.民族信任的内涵、特征与实现路径［J］.中南民族大学学报（人文社会科学版），2020，40（05）：28-33.

［4］代宏丽，敖日格乐.习近平新时代中华民族共同体理论的多维阐释［J］.云南民族大学学报（哲学社会科学版），2020，37（05）：5-11.

［5］青觉.中华民族共同体意识的内生性基础研究［J］.中央民族大学学报（哲学社会科学版），2020，47（05）：27-34.

［6］严庆.认知与把握中华民族共同体的内在有机性——铸牢中华民族共同体意识的一个思考视角［J］.中央民族大学学报（哲学社会科学版），2020，47（05）：35-43.

［7］尹铂淳.中华民族共同体和人类命运共同体要义及话语建构［J］.理论与当代，2020（09）：10-11.

［8］纳日碧力戈，施展，黄达远，等.边疆与中心的交互性：铸牢中华民族共同体意识的走廊视角（笔谈）［J］.西北民族研究，2020（03）：89-102.

［9］赵丽媛，翟继军.抗疫斗争中新时代中国精神的发展逻辑［J］.学术交流，2020（08）：46-55.

［10］陈剑安，陈载舸，林伟，等."中国战疫与中华民族凝聚力"笔谈［J］.广东省社会主义学院学报，2020（03）：10-23.

---

① 习近平.在全国民族团结进步表彰大会上的讲话［N］.人民日报，2019-09-27.

[11] 李正昌. 抗疫力量聚合的文化维度 [J]. 人民论坛·学术前沿, 2020 (12): 124-127.

[12] 权麟春. 抗击新冠肺炎疫情斗争中的精神研究 [J]. 内蒙古师范大学学报 (哲学社会科学版), 2020, 49 (03): 51-57.

[13] 肖贵清, 车宗凯. "大考" 彰显中国特色社会主义制度优势——学习习近平总书记关于防控新冠肺炎疫情系列重要讲话精神 [J]. 马克思主义研究, 2020 (05): 26-35+155.

[14] 曹睿卓, 董贵成. "一方有难, 八方支援" 在疫情防控中的实践效度与精神向度 [J]. 理论建设, 2020, 36 (02): 1-5.

[15] 刘光明, 刘铭. 在疫情防控斗争中彰显伟大中国精神 [J]. 智慧中国, 2020 (04): 52-55.

[16] 崔磊. 疫情防控中的中国精神与制度优势 [J]. 财富时代, 2020 (04): 237.

[17] 谢晓娟, 柳杨. 从抗击疫情中的志愿服务看新时代中国精神 [J]. 思想政治教育研究, 2020, 36 (02): 62-67.

[18] 何虎生. 弘扬战无不胜的中国精神、中国智慧、中国力量 [J]. 人民论坛, 2020 (08): 36-39.

[19] 严旭. 公共危机视域下中国公民精神的提升 [J]. 党政干部论坛, 2020 (Z1): 17-20.

抗击疫情与铸牢中华民族共同体意识研究

梁蕊娇

摘　要： 新冠肺炎疫情突然来袭，全国都陷入被动局面，多地封城，所有人都留守在家中，在这个特殊的挑战面前，我们全国人民所表现出来的优秀的品质，正是我们整个民族的优秀品质，值得我们学习和发扬。

关键词： 中华民族共同体意识；疫情防控；中国特色社会主义制度

"一个民族之所以伟大，根本就在于在任何困难和风险面前都从来不放弃、不退缩、不止步，百折不挠为自己的前途命运而奋斗。"习近平总书记在全国抗击新冠肺炎疫情表彰大会上的讲话掷地有声，铿锵有力。新冠肺炎疫情的发生，是一次危机；新冠肺炎疫情的防控，则是一次大考。它考验着我们党和国家的制度安排，检验着我们党和国家的治理能力。而国家治理体系与治理能力的现代化又离不开中华民族共同体意识的支撑，在应对重大疫情危机时更是如此。党的十九届四中全会指出，我国国家制度和国家治理体系具有多方面的显著优势，其中一条就是坚持各民族一律平等，铸牢中华民族共同体意识，实现共同团结奋斗、共同繁荣发展的显著优势。

抗击新冠肺炎疫情这场看不见硝烟的战争，既是对我国防范化解重大风险和应对重大突发公共卫生事件的考验，也是对中华民族凝聚力和向心力的一次大考。当前，我国疫情防控取得重大战略成果，经济社会秩序加快恢复，我们正统筹推进疫情防控和经济社会发展工作。由这次答卷的阶段性成效来看，中华民族共同体意识在这场抗疫实践中得到了充分的历练与检验。

生命至上！人民至上！新冠肺炎疫情发生以来，党中央高度重视，始终坚持把人民群众生命安全和身体健康放在第一位。习近平总书记亲自部署、亲自指挥，多次主持召开会议专题研究，发表重要讲话，作出一系列重要指示，为疫情防控工作指明了方向。

新冠肺炎疫情的发生，是一次危机；新冠肺炎疫情的防控，则是一次大考。它考验着我们党和国家的制度，检验着我们党和国家的治理能力。作为普遍社会意识基础的中华民族共同体意识，支撑并推动着国家治理现代化；而国家治理现代化又会进一步培育和铸牢中华民族共同体意识。

一、在防控统筹中铸牢"中华民族多元一体格局"意识

共同建设中华民族的"共建"意识是基于中华民族多元一体的实体格局和身份归属。中华民族多元一体格局，是我国5000多年文明发展史遗留和传承下来的宝贵政治财富，也是我国发展进步的巨大优势。

在疫情发生后，如何在较短时间内统筹力量、共同抗疫，这是一个艰巨的挑战；在疫情形势趋缓后，如何统筹疫情防控与经济社会发展，如何统筹疫情防控和复工复产，这同样是一个重大的挑战。不谋全局者，不足谋一域。如何做好防控统筹，关键在党。办好中国的事情，关键在党。中国共产党的领导是中国特色社会主义的最本质特征，是中国特色社会主义制度的最大优势，也是中国特色社会主义实践的动力和活力所在。中国共产党的领导，也是铸牢中华民族共同体意识的根本前提和重要基础。党政军民学，东西南北中，党是领导一切的。针对疫情防控统筹工作，习近平总书记在2020年1月25日召开的中共中央政治局常务委员会会议上指出，要"加强统一领导、统一指挥"；在1月27日作出的重要指示中进一步强调，要"统一行动"；在2月3日召开的中央政治局常务委员会会议上指出，"要坚持全国一盘棋"；在2月23日统筹推进新冠肺炎疫情防控和经济社会发展工作部署会议上总结，把"坚持全国一盘棋、统筹各方面力量支持"作为重要保障；在3月4日召开的中共中央政治局常务委员会会议上再次强调，要增强统筹抓好各项工作的责任感和紧迫感。

联防联控，印证中华民族共同体的思想认同。面对疫情挑战，全国各族人民团结一心、共同参与、全线出击，表现出了高度的一致和协作精神。这既缘于中华民族在沉浮跌宕的历史潮流中凝结为一荣俱荣、一损俱损的共同体，有着共同的价值追求和精神依归，更源于中国共产党领导全国各族人民共同缔造新中国之后，坚持民族平等、民族区域自治，全力帮助少数民族和民族地区加快发展，创造性地走出了一条中国特色解决民族问题的正确道路。党的十八大以来，精准扶贫促进少数民族地区脱贫致富、对口援建帮助少数民族地区发展经济，新型城镇化进程带动少数民族人口流动，各族人民对中国共产党、对中国特色社会主义、对伟大祖国、对中华文化、对中华民族的认同感不断增强，民族之间交流交往交融更加全面深入。

在疫情防控中，我们党一如既往地把人民群众的生命安全和身体健康放在首

位。党中央采取有力措施，牺牲短暂经济利益，紧急宣布武汉封城，全国大面积交通管制。全国各地陆续启动突发公共卫生事件一级响应，各级党政干部迅速加强人员流动管理和普及疫情防控知识，增强群众的疫情认知、危机意识，巩固全体人民团结一心、抗击疫情的思想基础。当前，我们正努力克服疫情带来的不利影响，统筹推进经济社会发展各项任务。全国人民凝聚共识、心往一处想、劲往一处使，自觉将个人的健康、责任和行为与国家、民族的利益、责任和命运紧密联系在一起，坚定中华民族共同体的思想共识。

共克时艰，增强中华民族共同体的意识自觉。疫情期间，全国经济和生产受到全面影响，供应链中断，消费需求急剧下降，14亿中国人的生活因疫情而改变。疫情发生时恰逢中国春节，人口大迁移势必给疫情防控带来无可估量的影响。这对中国共产党的执政能力、中国的国家治理体系和治理能力、中华民族共同体的凝聚力和向心力都是一次严峻考验。面对疫情，全党全军全国各族人民都同湖北和武汉人民站在一起，同湖北人民和武汉人民并肩作战。党中央听取专家意见，科学研判，坚持联防联控、群防群治；各级党委和政府按照党中央决策部署，全面动员、精准施策。56个民族响应党中央号召，思想统一、坚定信心、步调一致、全民战"疫"。这场疫情防控的人民战争，让全国各族人民更深刻地认识到中华民族是一个同呼吸、共命运的密不可分的整体。

翻阅历史，我们看到，中华民族历来具有在艰难困苦中不屈不挠、团结奋斗的光荣传统：战争年代，全国各族人民患难与共、共御外侮；建设边疆，八千湘女上天山；三年困难时期，三千孤儿进内蒙古；汶川特大地震、玉树大地震发生后，全国人民纷纷伸出援手……在一次次的灾难面前，各族人民血流在了一起、汗淌在了一起、情融在了一起，祸福与共、生死相依，终于取得了一次又一次的胜利。

眼下，疫情肆虐依然反复，疫情防控形势依然严峻复杂，我们要继续发扬各民族共同团结奋斗的伟大精神，形成战胜疫情的强大合力。要在共同抗击疫情的斗争中，不断深化"你中有我，我中有你，谁也离不开谁"的认识，不断铸牢中华民族共同体意识。

万众一心，就没有翻不过的山；心手相牵，就没有跨不过的坎。正如习近平总书记在全国民族团结进步表彰大会上强调的那样："实现中华民族伟大复兴，需要各民族手挽着手、肩并着肩，共同努力奋斗。"当前，面对疫情的肆虐，只要全国各族人民团结起来，在以习近平同志为核心的党中央坚强领导下，心往一处想、劲往一处使，坚持全国一盘棋，坚定信心、同舟共济、科学防治、精准施策，我们就完全有信心、有能力打赢这场疫情防控阻击战。

　　历史昭示我们，中华民族是一个命运共同体，一荣俱荣，一损俱损。各民族只有把自己的命运同中华民族的命运紧紧联系在一起，才有前途，才有希望。今天，面对来势汹汹的新冠肺炎疫情，每一个中华儿女，无论来自何地、无论身处何方，我们，都是休戚与共的命运共同体。

　　实践证明，只有中国共产党才能实现中华民族的大团结。在中华民族共同体这个大背景下，我们党确定了"中华民族多元一体格局"的意识。在这一格局中，一体包含并统筹多元，多元组成构建一体；一体离不开多元，多元也离不开一体；一体是主线和方向，多元则是要素和动力。

　　共同享有中华民族文化的"共享"意识是基于中华民族的历史记忆、现实文化和发展成果。进入新时代，习近平总书记将各个民族比喻成一粒粒石榴籽，用"像石榴籽紧紧抱在一起"来比喻"各民族团结"。中华民族成为一个整体的石榴果。石榴皮剥开后，一粒粒石榴籽紧紧地抱在一起，谁也离不开谁。

　　新时代铸牢中华民族共同体意识是由强大的内力推动的。疫情防控需要人们在空间上进行隔离和防护，全国各族人民在疫情防控中所表现出的大爱和共同体意识则超越了空间的隔离。如何防控疫情，如何把疫情对社会生产生活产生的重大影响降到最低，是全国人民的共同目标。在疫情防控进入常态化后，国内零星散发病例和局部暴发疫情的风险仍然存在，受疫情影响的经济社会发展中面临的各种困难会陆续显现，夺取抗疫斗争全面胜利还需要付出持续努力。因此，更需要培育和铸牢中华民族共同体意识。具体来说，可以从以下两个方面着手：

　　在物质上，要广纳群言和广集众智，关注利益表达的畅通性和利益诉求的差异性，着力解决人民群众的生活困难，积极回应人民群众的利益诉求。尤其是要支持和帮助民族地区加快发展，不断提高各族人民群众的生活水平。

　　在精神上，要持续不断地加强中华民族共同体意识教育。历史记忆是共同体得以形成与维持的重要纽带。要以这次疫情反思和纪念为契机，强化中华民族共同体意识培育的记忆建构，充分挖掘疫情防控中的"石榴籽"精神财富，以更具冲击力的符号、象征及意义的文化建构体现出来，将之纳入学校教育、社会教育和干部教育之中，把民族区域文化纳入共享文化体系建设中来，实现与社会发展的整体性对接。

　　中华民族共同体意识是国家统一之基、民族团结之本、精神力量之魂。共同建设中华民族的"共建"意识基于中华民族多元一体的实体格局和身份归属。中华民族多元一体格局，是我国5 000多年文明发展史遗留和传承下来的宝贵政治财富，也是我国发展进步的巨大优势。

二、在防控实践中铸牢"中华民族大家庭"意识

共同发展中华民族的"共担"意识是基于中华民族守望相助的历史传承与和衷共济的责任内化。我国是一个统一的多民族国家,"五十六族兄弟姐妹是一家"。中华民族一家亲、同心共筑中国梦,这是全国各族人民的共同心愿和目标,也是新时代我国民族团结进步事业的生动写照。

这次疫情在武汉发生后,随即向湖北和全国各地传播扩散。武汉人民和湖北人民识大体顾大局,为抗击疫情作出了巨大牺牲和贡献。武汉和湖北是疫情防控的中心,也是资源集结和爱心凝聚的中心。在党中央的坚强领导下,全国各族人民紧密团结、互帮互助、共同抗疫,亲如一家、休戚与共、守望相助的力量不断向疫区传输和汇聚,民族团结之花在疫情防控实践中绽放得尤为艳丽。各级党组织和广大党员干部冲锋在前、身先士卒,医务工作者义无反顾、冲锋一线,人民解放军指战员闻令而动、敢打硬仗,人民群众众志成城、守望相助,公安民警不惧风险、守护平安,社区工作人员坚守一线、日夜奋战,新闻工作者不畏艰险、深入一线,广大志愿者默默奉献、不辞辛劳,病毒感染者、疑似病例和密切接触者等积极配合、自我约束。

众志成城,彰显中华民族共同体的情感共通。与疫情的搏斗,是"中华民族一家亲"的生动写照,是手足相亲、守望相助的民族情感表达。在这短短时间内,从东部沿海到雪域高原,从祖国北疆到西南边陲,14亿中国人同情同行,主动配合疫情防控举措,居家隔离、飞机停航、火车停运、大型公众聚集性活动暂停、公共场所开放暂停、旅游景区营业暂停,凝聚起抗击疫情的强大合力。民族地区有着丰富的旅游资源,春节期间更是旅游旺季,也都积极响应中央号召,云南、新疆、西藏等地的景区都纷纷按下了暂停键。云南大理取消2020年三月街民族节活动,广西取消壮族传统节日"三月三"假期。

全国各族人民积极发扬一方有难、八方支援的大爱精神,各种援助力量不断向湖北汇集。全国29个省区市和新疆生产建设兵团、军队等先后调派346支国家医疗队和4万多名医护人员驰援湖北,19个省份对口支援湖北16个市州,内蒙古的猪牛羊肉、新疆的干果驼奶、西藏的牦牛肉矿泉水、广西的蔬菜水果和云南的特色农产品等物资也源源不断地驰援湖北。在武汉工作的新疆小伙艾力夏提·阿不都沙拉木、热甫凯提·阿布利孜和坎地牙尔·加帕尔不顾疫情危险、昼夜奔波,把紧缺的食品和口罩等免费送到22所学校的留校师生手中;在武汉工作的西藏大叔斯朗丹增曲培带领武汉汉藏文化交流中心先后为学校、医院和社区捐赠口罩和

消毒液，并承担起江汉"方舱医院"医护人员的餐饮供应。为丰富居家隔离抗疫的民众生活，当时全国景区相继"云"开放，博物馆"云"端看展，通过"云"端丰富居民生活。在这场严峻的斗争中，全国各族人民血脉相连、情感相通，再一次用实际行动证明我们是世界上最团结、最愿意为同胞付出的民族共同体。

疫病无情，人间有爱。在党中央的领导下，全国各族人民众志成城、团结奋战，守望相助的力量不断向武汉等重点疫区汇聚：从19个省份对口支援湖北16个市州，到广西果蔬、内蒙古的牛羊肉等民族地区农产品驰援湖北；从滞留武汉的62名武汉西藏中学藏族学生家长成立临时党支部，汉藏携手、共抗疫情，到贵州雷山县的苗族群众张玉星、文静夫妇奋力参与火神山医院建设……危难关头，荆楚大地上演了一幕幕一方有难、八方支援的血肉深情话剧。

在这次疫情治理中，一些网络信息铺天盖地、真伪难辨，一些领域负面舆情此起彼伏，民众一度出现了恐慌、焦虑、排外及麻木等负面心态，中华民族共同体意识的铸牢也面临着较为严峻的挑战。培育和铸牢中华民族共同体意识既涉及宏观层面的政治统筹，也涉及中观层面的社会互动以及微观层面的心理认同。因此，针对这一问题，不仅要在疫情防控中培育和铸牢中华民族共同体意识，更要在疫情防控常态化中培育和铸牢中华民族共同体意识，而且各自侧重有所不同。

国际上，个别西方政客和无良媒体无视疫情给中国人民带来的痛苦，故意抹黑、歪曲事实。如今，中国的疫情已经基本得到控制，并在大力援助其他国家，西方国家对中国的态度出现不同变化。费孝通先生认为，中华民族作为一个自觉的民族实体是近百年来在同西方列强对抗中出现的，但作为一个自在的民族实体，则是几千年的历史过程所形成的。国际社会对中国的抗疫认知和态度，作为一面镜子，势必再一次强化中华民族共同体意识。中国在巩固自身防控成效、严防境外疫情输入的同时，积极参与抗疫国际合作、贡献中国方案、提供援助物资、传递中国力量、彰显大国担当，充分展示了中国特色社会主义优越性，同时也极大提升了全国各族同胞的民族认同感和自豪感。

三、在防控常态中铸牢"中华民族石榴籽"意识

"五十六个民族五十六朵花"，这是新中国成立后把多民族构成的中华民族比喻为"大花园"的一种形象而典型的表述。各个民族构成了这个大花园中的一朵朵鲜花。进入新时代，习近平总书记将各个民族比喻成一粒粒石榴籽，用"像石榴籽紧紧抱在一起"来比喻"各民族团结"。中华民族成为一个整体的石榴果。石榴皮剥开后，一粒粒石榴籽紧紧地抱在一起，万子同苞、千房同膜，谁也离不

开谁。

抗击新冠肺炎疫情斗争取得重大战略成果，充分展现了中国共产党领导和我国社会主义制度的显著优势，充分展现了中国人民和中华民族的伟大力量，充分展现了中华文明的深厚底蕴，充分展现了中国负责任大国的自觉担当，极大增强了全党全国各族人民的自信心和自豪感、凝聚力和向心力，必将激励我们不断铸牢中华民族共同体意识，在新时代新征程上披荆斩棘、奋勇前进。患难与共是中华民族的精神内核。在以习近平同志为核心的党中央坚强领导下，全国各族人民众志成城、团结奋战，书写了疫情防控的优异答卷。伟大的抗疫精神必将巩固中华民族共同体意识，坚定各民族像石榴籽一样紧紧抱在一起，团结一心、开拓进取，不断推进我国的民族团结进步事业，把56个民族共同的家园建设得更加美好。

中华民族一家亲、同心共筑中国梦。凡此种种亲如一家、手足相亲的事迹无不体现出各族人民对中华民族大家庭的深刻认同，彰显出中华民族共同体意识的精神威力。在中华民族共同体这个大背景下，我们党强调"中华民族是一个大家庭"的意识。中华民族和各民族的关系，就像是一个大家庭和家庭成员之间的关系，各民族的关系则像是一个大家庭里不同成员之间的关系。

参考文献

［1］本报评论员. 奋力开创新时代民族团结进步事业新局面［N］. 巴彦淖尔日报（汉），
2020-10-20（001）.

［2］本报评论员. 学好国家通用语言文字　铸牢中华民族共同体意识［N］. 通辽日报，2020-
10-19（001）.

［3］康民德. 从中华民族共同体意识的高度认知国家统编教材［N］. 巴彦淖尔日报（汉），
2020-10-19（002）.

［4］本报评论员. 学习使用国家通用语言文字是公民必须履行的法定义务［N］. 巴彦淖尔日报
（汉），2020-10-19（004）.

［5］方壆，明珠. 多民族文化共生与铸牢中华民族共同体意识［J］. 河南师范大学学报（哲学
社会科学版），2020，47（05）：9-15.

［6］本报评论员. 铸牢中华民族共同体意识［N］. 新疆日报（汉），2020-10-14（001）.

［7］本报评论员. 加强民族团结进步教育建设各民族共有精神家园［N］. 巴彦淖尔日报（汉），
2020-10-13（001）.

［8］郝时远. 各民族共同建设中华民族共同体［N］. 中国民族报，2020-10-13（005）.

［9］高占福. 铸牢中华民族共同体意识，扎实推进新疆伊斯兰教中国化［N］. 中国民族报，
　　2020-10-13（007）.

［10］罗艳丽. 铸牢中华民族共同体意识的三个文化支点［N］. 内蒙古日报（汉），2020-10-
　　11（002）.

［11］刘福英. 铸牢中华民族共同体意识［N］. 通辽日报，2020-10-11（003）.

［12］王文光，文卫霞. 十六国北朝时期的儒家文化认同与中华民族共同体孕育发展研究［J］.
　　西南民族大学学报（人文社科版），2020，41（10）：16-23.

互动与整合：民族共同体意识培育背景下的
河西走廊民族关系研究

许凯渤　陈琴*

摘　要： 党的十八大以来，以习近平同志为核心的党中央要求大力加强民族团结、培育中华民族共同体意识。河西走廊地区的民族关系发展关乎整个河西走廊地区的稳定，事关国家经济大局和社会稳定，对民族共同体培育具有重要意义。作者多次深入河西走廊地区，通过对该地区民族自治地方进行长期的田野调查，通过了解当地的族群关系、民族经济、民族文化建设等方面，得出不同文化之间的相互联系、沟通与碰撞的人文地带，产生出各种各样的互动与融合。各民族通过不断相互沟通增进彼此的了解，形成民族共同体意识，从而达到社会的稳定与和谐。因此，互动与整合成为河西走廊地区处理民族关系的主旋律。本文初步探讨和发掘产生这种民族关系背后的原因，在共建民族共同体背景下如何改善地方民族关系、强化民族共同体意识产生有益启示。

关键词： 河西走廊；民族共同体；民族关系；社会互动；族群沟通

　　我国是一个统一的多民族国家，民族问题事关国家统一与社会稳定。长期以来，党和政府都高度重视民族工作。党的十八大以来，以习近平同志为核心的党中央要求大力加强民族团结、培育中华民族共同体意识。自张骞出使西域以来，河西走廊成为历朝历代加强同西北地区联系的必经之路，是联结中国东西部的重要通道，对促进中外政治经济文化交流，推动世界文明进程发挥极其重要的桥梁和纽带作用。与此同时，河西走廊是多民族文化交汇、多民族杂居之处和交通要道。

---

* 许凯渤（1990—　　），吉林梅河口人，天津大学管理与经济学部、天津大学与青海民族大学联合培养 2017 级博士研究生，研究方向为社会治理；陈琴（1988—　　），湖北咸宁人，天津大学管理与经济学部、天津大学与青海民族大学联合培养 2019 级博士研究生，研究方向为社会治理。

费孝通在20世纪80年代提出"民族走廊"概念，也提出"西北地区还有一条走廊，从甘肃沿'丝绸之路'到新疆。在这条走廊里，分布着土族、撒拉族、东乡族、保安族、裕固族等，他们是夹在汉族、藏族、蒙古族、回族中间。喇嘛教，伊斯兰教，藏语，蒙古语，突厥语，很复杂，不容易处理"[1]。从民族走廊的概念中不难发现。河西走廊地区的民族关系发展关乎整个河西走廊地区的稳定，事关国家经济大局和社会稳定，对民族共同体的建议而言也十分重要。目前，经济社会的快速发展使得河西走廊地区民族文化急剧变迁，各民族的交往更加频繁，民族关系逐渐复杂化。因此，本文的主要目的就是分析目前河西走廊地区的民族关系的具体现状、形成原因，并合理构建民族共同体进行思考。

一、河西走廊多元文化互动与多民族杂居

河西走廊的地理特殊性造就了如今该地区呈现出多元文化的形态。不同民族在这里聚集，形成了独特的民族文化。河西走廊自古以来就是一个多民族杂居的地区，众多民族在进入河西走廊的同时也将自己独特的民族文化嵌入河西走廊的文化版图之中。[2]因此，多元文化的形成促使民族交往的频繁。频繁地交往产生正反方面的影响：首先是加深了相互之间的了解，各民族之间相互尊重、相互理解；其次是民族矛盾产生，出现了社会的不稳定因素。由多元文化引发了民族关系复杂化。下面将具体阐述河西走廊地区多元文化的性质，以及文化引发的民族关系现状。

（一）多元文化的产生原因：文化汇聚

河西走廊地区具有多种自然景观，其狭长地带包含了高原、山地、荒漠、草原等。多彩的自然风光也就形成了不同的文化景观。由于河西走廊地处我国青藏高原东部的中原汉文化圈与青藏高原诸多游牧民族文化圈的包围和辐射的汉藏民族的边缘及交汇地带，它周边的各区域，大都拥有自己独特的文化。[3]多个文化圈在这里重合，掺杂了各方的文化要素。独特的自然环境形成了现今河西走廊多元文化，其多元性的发展是必然趋势。不仅如此，历史上，中原同西域的流动十分频繁，文化传播是各种文化种子散播在河西地区。欧洲、西亚、南亚等地区的文化传入中原，或中原文化向外传播都必须经过河西地区。河西走廊也就成为文化交流的重要通道。

因此，不同文化因素的覆盖同文化传播相结合，形成了河西走廊地区多元文化。不同文化汇聚于此，形成了多彩的文化地带。自然因素与人文因素相互作用影响

着该地区的文化发展历程，成为文化形成的基础要素。不管是古代，还是现代化的今天，河西走廊依旧是文化多元性的标志性地区。所以，即便现在，沿着河西走廊行走，我们仍然能够看到多姿多彩的文化风情。

（二）河西走廊多民族杂居状况的形成

文化的形成始终离不开人的活动，一个民族的发展需要文化进行支撑，离开人类活动文化是无法存在的。河西走廊地区人类活动十分频繁，自古以来就是多民族文化展示的舞台。离开民族，河西的历史会变得苍白许多。河西灿烂的历史文化，是以汉民族为主体下的多民族共同的结晶。[4] 因此，河西走廊不仅可以定义为文化的多元地带，也是多民族聚集的主要区域。这也为形成多民族杂居提供了条件。

随着历史的不断发展，多民族的聚集加强了该地区不同之间民族的相互交流，这种交流包含了经济往来、文化了解、社会共同管理等。同样，频繁的战争，各民族相互通婚加速了这一地区的民族融合。因此，今天所看到的多民族杂居的局面正是由于不同的民族相互磨合逐渐走向融合的历史发展趋势。如今，在河西走廊地区，有民族的聚集区，还存在着各类的散杂居民族，使得整个河西地区各民族共生互补、相互影响。文化影响着一个地方民族分布格局的形成。河西地区的多民族格局的发展，正式在不断地整合中形成了独有的特点，民族自治地方成为主体民族的主要存在，其他地方成散居的形态。多民族杂居在河西走廊得到全面的体现。

（三）河西走廊多民族杂居人口格局

河西走廊杂居格局的形成充分展现了多民族地区的多元性和复杂性。因此，要想真正地了解整个河西走廊民族分布格局就必须对该地区的人口有详细的说明。目前，在甘肃省常住人口中，汉族人口为 2 342.96 万人，占 90.18%；各少数民族人口为 255.13 万人，占 9.82%。与 2010 年第六次全国人口普查相比，各少数民族人口的比重上升了 0.39 个百分点。[5]

表1　甘肃省民族自治地方年末人口与人口自然变动情况（2018）[6]

地区	常住人口/万人	按性别分		按城乡分		自然增长率/‰
		男	女	城镇人口/万人	乡村人口/万人	
民族自治地方合计	331.59	168.84	162.75	119.29	212.30	6.95
临夏回族自治州	205.88	104.18	101.70	74.16	131.72	7.46
甘南藏族自治州	72.02	37.12	34.90	25.93	46.09	7.55
张家川回族自治县	29.66	15.10	14.56	7.93	21.73	4.72
天祝藏族自治县	17.91	9.24	8.67	7.72	10.19	3.50
肃南裕固族自治县	3.51	1.84	1.67	1.53	1.98	2.79
肃北蒙古族自治县	1.54	0.80	0.74	0.99	0.55	2.95
阿克塞哈萨克族自治县	1.07	0.56	0.51	1.03	0.04	8.22

在甘肃省的各个民族自治地方，少数民族都占有相当大的比例。例如，临夏回族自治州少数民族人口占全州人口的59.2%，甘南藏族自治州其藏族人口就达到了50%，肃南裕固族自治县少数民族人口则达到56.5%，裕固族人口达到近30%，还有其他民族自治地方，主体民族占有相当大的人口数量。不仅如此，各个地方除了主体民族外，其他民族占有一定的人口数量，而且民族数量众多，一个民族地方甚至可以达到30多个不同民族的分布。即便在非民族自治地方，民族人口也占有一定比例。回族、蒙族、藏族、裕固族、保安族、东乡族、哈萨克族等少数民族分布在河西走廊的各个角落。因此，少数民族散居化，散居民族人口再生产的局面依旧是今天河西走廊民族分布格局的主要趋势。河西走廊地区的民族人口格局对现今该地区的民族关系有着重要的影响。从宏观上讲，理性分析河西走廊地区的民族关系对我国西北地区的稳定、发展和民族共同体建设有着至关重要的作用。

综上所述，多元文化构成了现今河西走廊地区多民族杂居的局面。随着该地区经济的不断发展和国家政策的不断深入，民族之间的交流将更加频繁。伴随而来的不仅有民族之间的交往融洽，同时也存在民族间的矛盾。因此，对于该地区民族关系的理解就变得极为重要。民族关系既是民族发展状况的重要标志，又是民族发展的重要条件。[7]所以，民族关系的良好发展对河西走廊地区的稳定和发展起到至关重要的作用。

二、河西走廊民族关系具体体现与发展现状

河西走廊多民族杂居的形态促使了其民族关系的特殊性。然而从总的方面来说，其民族关系存在着相互依存、交往、学习、冲突、融合的过程，表现着一种冲突—友好—融合的历史过程，其大趋势和主旋律便是平等交往的各民族的认同和融合。[8]因此，其民族关系呈现复杂性，需要将该地区的民族关系所体现出的具体形式进行梳理。对于其发展的情况有清晰的认识。

（一）民族关系的具体体现：民族网络的组成

民族关系的具体表达主要是从各民族在日常生活中的交往形式中所得到的。其主要内容包含不同民族之间多方面地相互沟通，这也就意味着不同民族之间构建起一种网络关系，促使人们在不同领域上的认同与合作。民族关系正是在这样一种网络中得到发掘，得到衡量的标准。下面将具体阐述民族网络在整个民族关系发展中的作用。

1. 民族经济网络

市场经济的发展是民族经济网络连接的基础。随着商品化经济的逐渐完善，更多的民族因为经济走向了一起，在某一产业形成完整的生产圈。各民族根据自己的特长选择产业链中的一个环节，促进本民族经济的发展。例如，在天祝县的虫草买卖行业中，有些藏族人会将自己的草山承包给当地的汉族、藏族或其他民族，这些人通过劳动获得产品，在把产品转卖给当地的回族生意人，这个善于经商的民族通过自己的经商网络获取更大的利益。从这一简单的例子中，我们就不难看出不同民族在运营同一样商品，他们之间相互配合，共同完成一项经济活动。在河西走廊，不仅是虫草生意，还包括其他行业如药材、牧业、农业等都出现了多个民族经济联合的现象。然而这样的经济联合需要建立在一定民族关系的基础之上，和谐的民族关系才能促成不同民族间经济的合作。

2. 民族家庭网络

家庭是社会组成的细胞，家庭的安定和谐同样关系到社会的稳定。家庭的构建不仅仅是两个人通过合法的方式组成的小型社会细胞，而且也是两个家庭的经济联合。不同民族间通婚更能体现出一个地方民族关系的具体状况。目前，河西走廊地区多民族杂居的状态，不同族群通婚组建家庭自然而然成为不同民族交往的方式之一。目前，多民族家庭的组成在河西地区已经存在。例如，在肃南裕固族自治县许三湾乡进行调查就遇见这样由多民族组建的家庭，家中的男主人为藏

族，女主人为裕固族，女儿为裕固族，女婿为汉族，在这样一个家庭组合中表达出各民族在婚姻的自由上逐渐增强，不拘泥于本民族的内部通婚。同时也由此看出，河西地区不同民族通婚极为普遍，也映射出该地方的民族包容性。所以，由家庭再反映到整个民族关系，通婚是表现民族关系最直接的形式，展示出对于构建和谐民族关系的重要性。

3. 民族沟通网络

科技的发展提高了各民族交往、沟通的效率，语言是人们相互理解的主要工具。网络平台的普及让更多的人享受网络技术带给人们的方便。目前，微信受到了广大人民的青睐，成为人们相互联系的主要方式。沟通效率的提高促使了民族交往的频率。在民族地区也是如此，微信成为交友、商品交易的主要渠道。很多人也通过微信等社交网络平台扩展自身的社会交际网。同时，普通话的普及更是使不同民族间的交往更加顺利。因此，沟通障碍的削减促进了民族关系向良好的方向发展，逐渐消除民族由于各自特殊性所产生的隔阂。交往所带来的是不同民族之间进一步地相互了解，增强不同民族在民族知识上的认知，民族关系得到进一步巩固和发展。

4. 民族文化网络

民族文化是一个民族精神的象征。由于河西走廊地区是多民族散杂居聚集区，因此其多样的民族文化在这片土地上得到生长。由于各民族文化具有自身的特点，因此其差异相对较大。然而，这一切并没有因为这种差异造成了民族之间存在大量的矛盾、隔阂。随着文化交流的日益频繁，各民族不仅在文化认识上有所提高，同时还积极参与进来，体验和更进一步地了解并且相互交流。文化网络的构建主要以民族社区为中心进行扩展。例如，在肃北蒙古自治县巴音社区就有很多宣传当地民族文化的宣传栏，上面不仅有蒙古族文化的宣传，还有其他民族的文化介绍，当地人们不分民族都积极地加入到这些文化活动中来，体验各民族文化魅力的所在。各民族文化网络构成是以社区为中心，连接社区中的不同个体，促进对彼此文化的了解，增进了民族情感，有利于民族关系的发展。

综合以上四个方面，不难看出，民族关系的构成是由在经济、文化等各领域网络的结合体。所有的领域网络服务于民族关系的大格局而服务，同时各网络间相互作用、相互影响，如图1所示。现今市场经济发展，法律制度的完善，政府民族政策的贯彻，使得整个民族关系的完善与发展就是在这样一个网络下得以形成的，也是了解民族关系的重要信息。所以，我们在考察民族关系、衡量民族关系的标准时可以把语言、通婚状况、经济活动、信仰等纳入这个网络中来，这样就可以更直接地、全面地了解民族关系的发展状况。下面将继续把河西走廊地区民族关系具体现状进一步介绍。

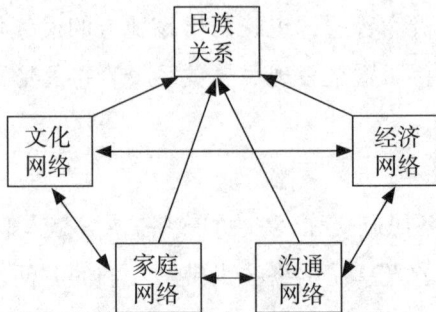

图1 民族间各网络间相互作用与民族关系

（二）河西走廊民族关系现状

河西走廊地区由于其特殊的地理环境，形成了多民族的民族走廊。这一地区的民族包括汉族、藏族、回族、东乡族、保安族、蒙古族、裕固族等主要民族，还包括满族、朝鲜族等散居民族。因此，复杂的民族状况使得这一地区的民族关系显现其特殊性。在社会的变迁过程中，河西地区各民族交往的过程逐渐加深，民族文化间的活动既有摩擦，也有融合，复杂的民族关系对未来河西走廊的稳定和发展将产生深刻的影响。[8] 所以，河西走廊地区民族关系的特殊性，需要更多的学者给予关注。

历史上，频繁的民族迁徙使河西走廊成为多民族杂居地区，因此，不同民族之间的互动与整合是一种常态社会现象。位于我国西北地区的河西走廊，自古以来就是多民族多文化分布地区，也是我国古代与西方世界交往的重要通道，独特的历史人文区位使河西走廊成为不同质的文化发生代际演替的典型地区，时至今日，民族文化的交流与整合依然在不同地域不同层次上持续发生。[9] 在交流与整合的过程中，文化需要彼此的碰撞和磨合才能达到最后的理解。然而在整个磨合的过程中，并不是一帆风顺的。现今的河西走廊由于自然、人文多方面因素，多元化是其主要的特点。经济上，农业、牧业、副业等多种经济类型依旧存在，市场经济带来的是商贸的活跃，各个行业、产业相互配合，寻找共赢的道路；语言上，普通话、地方方言、藏语、哈萨克语等并列存在；文化上，风俗习惯各有特色，展示出民族的精神面貌和活力；信仰上，藏传佛教、伊斯兰教、本土信仰等大放光彩。这样的多元性造就了河西地区丰富文化的特征。因此，由文化的差异性带来了民族关系在其发展历程中跌宕起伏。

河西走廊地区的民族关系就目前状况不容忽视，散杂居的民族分布造成了民族关系十分复杂。从目前的民族关系现状来看，各民族秉承"共生互补"的理念。历史的发展促使了该地区的民族长期交往，增进彼此的了解，相互吸收和影响彼此的民族文化，为了共同的发展达到空前的民族融合。因此，各民族在长期的发展过程中相互依靠、共同进步。整个河西地区的民族关系主流上是和谐发展的。但由于各方面的因素也造成了民族之间出现纠纷和摩擦。因此，良好互动关系现象的背后仍然有诸多不稳定的因素。市场经济的发展，流动人口增多、市场竞争激烈、利益驱动性强等诸多因素影响，河西走廊民族关系问题尤为重要。[8]

由于河西走廊散杂居的民族特征，其民族关系存在着民族构成的多样性与分布的广泛性、居住地域的交叉性、生活的交融性、风俗习惯的相容性、民族发展目标一致性等特征。[10]经济的往来、文化的交流，使得各民族之间相互交融，任何一个民族都无法脱离整个民族社会群体而单独存在。但各民族也保存了自身的特点，使河西文化区丰富多彩。由于河西走廊地区民族散杂居的特性，民族分布相对范围广，但不同民族间联系密切，同时民族意识也有所增强，所以共处与矛盾同时存在，这也是目前河西走廊地区民族关系的真实写照。

三、河西走廊民族关系成因的多维度分析

散杂居的民族格局使河西走廊地区的民族关系形成共处与矛盾并存的现状。历史的发展与变迁使该地的民族关系一直处于动态的发展。尤其在现今社会，河西走廊地区正在接受现代化的洗礼，社会、经济发生剧烈的变迁。因此，民族关系是在政治层面、经济层面、文化层面等一系列因素结合而构成的群体与群体之间、个体与个体之间、群体与个体之间的关系。历史上民族关系的主流是长期性、全面性和牢固性。[11]如今，对河西走廊地区民族关系成因的分析对处理当地民族关系有着重要的指导作用。

（一）影响民族关系各因素的相互作用力解读

族群关系的基本状况可以分为大致三种形态：一是属于相互完全隔绝状态；二是相互交往、相互影响状态；三是成为相互完全融合、彼此不存在实质性区别的状态。[12]在民族之间的关系的形态分析中，可以把民族关系看作一个整体，多种作用力作用在民族关系上，使其朝向两个方向发展。其中，这两种方向包含民族融合与民族隔阂，作用力包含了经济、政治、文化、意识等多方面的因素。举例说明，其中把融合的因素设定 X_1、X_2、X_3……，隔阂的因素设定为 Y_1、Y_2、Y_3……，若 X 之和大于 Y 之和，说明融合的作用力要大于隔阂的作用力，因此所展现的民族关系

体现出融洽、互动活跃的景象，反之不同民族间产生隔阂、分离，民族矛盾加大。每一种力都是存在于整个民族关系发展的过程中的，然而是走向融合还是走向隔阂就要看哪几种因素影响力更为广泛，更能够带动民族关系行走路径。

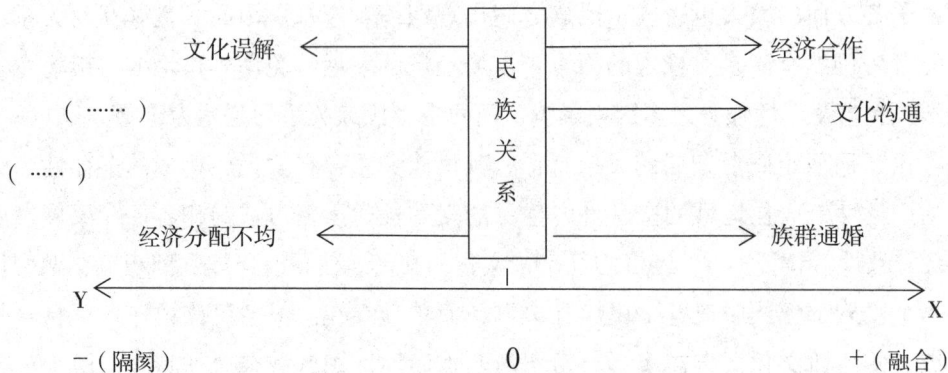

图2　影响民族关系的作用力示意图

从这个角度上来说，河西走廊地区的民族关系处于不断的融合阶段。虽然存在一些造成民族隔阂的因素，包括由于信仰不同所产生的误解、民族之间经济分配不均、文化差距较大等。但总体方向上，各民族经济的合作加强，经济上相互依赖、相互依靠，不同民族通婚成为社会联结的普遍现象，民族之间文化的相互理解等；趋向于融合的作用力远远大于隔阂的作用力。因此，整个河西地区民族关系趋向稳定发展，各民族的沟通效率逐渐增加。这也是多民族散杂居地区民族和谐关系的体现。

（二）民族关系的表达：民族互动

美国学者蒂施勒和贝里（Henry Tischler and Brewton Berry）根据种族关系发展的过程把群体互动的结果归为5类：1.灭绝或驱逐；2.隔离；3.分层；4.多元化；5.同化或通婚。[12]按照这个思路，对分析整个河西走廊民族互动提供了理论指导。不同民族之间的互动是民族关系的直接体现，民族互动的结果是民族关系是否得到维系的根据。对于散杂居地区的民族来说，互动是处理民族关系的重要渠道。

河西走廊地区多民族杂居的发展态势，使得文化多元存在，这也是成为民族互动的重要条件。历史前进的过程中，羌文化、戎文化、回纥文化、吐蕃文化、蒙古文化、西夏文化一直和汉文化多维并存。[8]所以，民族互动受到多维文化的影响出现了多种形式，主要活动包括合作、通婚、分层、碰撞、冲突等。如今，现代化走进民族地区，经济的不断发展让更多的民族拥有发展的权利。加快民族互动的频率成为民族崛起的发展途径。不同族群接触的模式也变得多种多样。

河西走廊地区民族关系之所以呈现出共处与矛盾同时存在的原因在于民族互动的过程中，各民族相互协作，为了更好地发展而共同努力。经济上互相合作，通婚现象不断增多。但是，由于市场经济的存在，导致有些利益分配上出现了不平等的状态，出现了一定的社会分层。同时，民族意识的强烈反应也使得在互动的过程中产生不理解或误解，因此激发了民族间的矛盾，产生冲突。虽然河西走廊地区民族关系仍有不稳定的因素，但社会政策、民族政策的落实，法律制度的完善，将会逐渐减缓甚至解决冲突的发生，见图3。

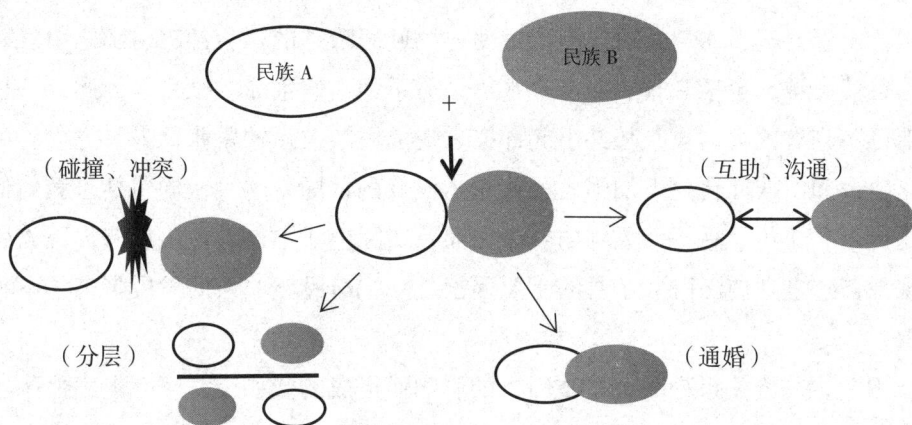

图3　河西走廊民族互动模式示意图[17]

（三）现实民族关系的具体探讨

河西走廊作为散杂居民族的代表区域，其民族关系的发展更受到瞩目。建设中华民族共同体也需要河西走廊地区拥有稳定的发展环境。就目前的情况来说，"和谐"仍然是这一地区民族关系发展的主题，这也是抓住良好发展机遇的重要时刻。河西走廊作为连接东西部的通道更为如此。所以，良好的民族关系成为战略发展的关键。在实际的社会发展过程中，河西走廊地区的民族关系始终存在共生和矛盾两种趋势，每一种趋势都有着其实际意义上的解释。

首先，共生是由于河西走廊地区文化的多元性与整合的优化性所形成的文化多元性，正是民族关系良好发展的条件，多元意味着需要更多的互动，只有互动关系的形成才有民族关系的发展。缺乏互动的关系是无法成立的。尤其目前河西走廊处在社会转型期，各民族文化体系从内容到风格上的嬗变会极大影响河西走廊多民族文化互动的模式。[2]因此，体系的改变就更加要求各民族在实际的社会生活中，通过沟通、互动增进彼此的了解，才能达到在各民族发展中形成共赢的局面。同时,多元背景下更重要的是社会的整合,整合力关系到民族关系是否融洽。河西走廊地区民族社区的建立和逐渐完善,不同的民族进入一个新的集体当中,这就需要很强的社区体制以及个人的高度理解,否则无法将不同民族整合在同一个集体中。因此,河西地区社会整合优化展现出在处理民族关系的过程中提供了正确经验。不仅民族社区的优化,经济关系优化、政策优化等也为良好民族关系发展提供了条件。

其次,矛盾是由于河西走廊地区民族间利益划分和民族感情等因素,阻碍良好民族关系的发展。一方面,由于各种利益关系和权利分配生所引发的民族关系问题。[8]经济的发展影响到各种资源的分配,包括自然资源、经济关系不平等等因素。由于分配不均,矛盾逐渐产生使得民族间激烈的社会冲突也随之引发。尤其是自然资源,包括森林、矿产、水等,关系到人们生命的维系,因此,一旦利益上得不到有效的衡量,势必引起冲突,造成民族关系的紧张。另一方面,民族文化建设和民族社会建设加强各民族对本民族的认同,这种认同包括宗教信仰、文化传承、文化禁忌等一系列内容。然而,实际生活中,难免出现有损民族感情的现象,这也是加深民族矛盾的重要因素之一,给民族关系的发展带来了不和谐因素。

因此,民族关系是受到多重因素的影响而形成的。如今,河西走廊地区社会相对稳定,虽然不同民族之间会产生矛盾和摩擦,但这并不影响整个地区民族关系的和谐发展。作为散杂居民族地区的代表,生活在河西走廊的各民族用他们的实际行动证明了多元文化色彩地区,民族关系朝着更好的方向前进,社会发展展现出强大的活力。

四、总 结

从以上的分析中,整个河西走廊地区民族和平相处的发展趋势呈现良好态势,民族矛盾逐渐淡化,各民族之间高度整合,民族关系融洽。在散杂居民族关系中,可以成为典范。目前,河西走廊民族杂居地区各民族在文化发展、风俗习惯等方面进行相互转化,以更好地适应散杂居的民族生存状态。整个河西地区呈现出求大同、存小异、高度融合的趋势,各民族间已没有根本的利益冲突,民族团结进步繁荣成为新时期民族杂居地区民族关系的主流。[13]共存发展是整个河西走廊各民族处理民族关系的目标和主导原则,也是实现和谐民族关系重要内容。

目前,还是存在一些民族关系问题和不利的因素,并且也将长期存在。然而,在构建河西走廊地区和谐社会的过程中,如何规避这些潜在的不利因素,坚持民族平等、维护民族团结、促进民族发展，构建中华民族共同体意识，从而使民族关系达到和谐的状态是我们的一项重要任务。[21]河西走廊呈现的"过渡地带"很重要，由这个"过渡地带"可以发现"中华民族共同体"的根据。"中华民族共同体"并不影响河西走廊的各民族文化兼和并存。河西走廊民族关系的形成和发展，仍然给其他民族地区处理民族关系提供了有益启示。中华民族共同体的建设需要和谐的民族关系作为支撑。河西走廊地区的民族关系不仅影响区域内民族发展，乃至关系到整个西北地区的社会经济发展。因此，民族关系的处理不容小觑，对河西走廊地区散杂居民族的民族关系的探讨将持续进行。这有助于寻找到适合于该地区处理问题的方式，实现民族的现代化，为构建和谐的河西地区提供理论依据和实践经验。

参考文献

[1]费孝通.谈深入开展民族调查问题[J].中南民族学院学报，1982（03）：2-6.

[2]李元元，切排.关于河西走廊多民族文化互动模式的分析——以阿克塞、肃北、天祝三县为例[J].西北民族大学学报（哲学社会科学版），2011（03）：99-105.

[3]切排.河西走廊多民族关系的基本特点和主要问题[J].中南民族大学学报（人文社会科学版），2008（04）：87-90.

[4]沙武田.丝绸之路黄金段河西走廊的历史地位——兼谈河西走廊在华夏文明传承创新区建设中的定位和宣传侧重[J].丝绸之路，2014（12）：16-19.

[5]资料来源：甘肃省统计局网站：http：//www.gstj.gov.cn/w/Default.htm.

[6]资料来源：《甘肃省2019年统计年鉴》，甘肃省统计局网站：http：//tjj.gansu.gov.cn/tjnj/2019/zk/indexce.htm.

[7]张凤莲.民族论[M].济南：山东人民出版社，2005：67.

[8]切排.河西走廊多民族和平杂居与发展态势研究[M].北京：民族出版社，2009.

[9]张力仁.历史时期河西走廊多民族文化的交流与整合[J].中国历史地理论丛，2006（03）：84-93.

[10]许宪隆.散杂居民族概论[M].北京：人民出版社，2013.

[11]杨建新.中国少数民族通论[M].北京：民族出版社，2005.

[12]马戎.民族社会学——社会学的族群关系研究[M].北京：北京大学出版社，2004.

[13]切排，邓小珍.肃南裕固族地区多民族和平杂居与发展态势研究[J].新疆社会科学，2008（01）：76-81+138.

育人实践

铸牢大学生中华民族共同体意识的路径研究

马存芳　雷富英 *

摘　要： 通过研究，本文提出了铸牢大学生中华民族共同体意识的基本路径：传承与弘扬中华优秀传统文化，牢固中华民族共同体意识的根基；加强爱国主义教育，厚植爱国主义情感，构筑中华民族共同体意识的硬核；加强社会主义核心价值观培育，铸牢中华民族共同体意识的价值基石；挖掘红色文化和革命文化的价值，铸牢中华民族共同体意识的精神动力；坚定"四个自信"，增强"四个意识"，为铸牢中华民族共同体意识注入时代精神和丰沛能量；加强民族团结进步教育，熔炼中华民族共同体意识的基本途径。

关键词： 高校；铸牢大学生中华民族共同体意识；路径

铸牢大学生对中华民族共同体的意识，要有针对性地选择培育路径，才能有效提升大学生的共同体意识，铸就大学生对中华民族共同体的炽热情感。大学生对中华民族文化有着高度的认同，有着真切而强烈的爱国情感，二者对铸牢民族共同体意识具有非常重要的影响力。同时，社会主义核心价值观的培育、革命文化和红色文化的传承、坚定"四个自信"和增强"四个意识"以及扎实开展民族团结进步教育对铸牢大学生的中华民族共同体意识，都具有推动作用。铸牢大学生的中华民族共同体意识，就需要从以上这些影响层面探寻路径。

一、传承与弘扬中华优秀传统文化，牢固中华民族共同体意识的根基

中华优秀传统文化为中华民族提供了丰富的养分，使它几千年来生生不息、绵绵流长，中华优秀传统文化以它特有的精神气质、价值追求、思想观念、道德

---

* 马存芳（1970—　），女，青海民和人，回族，青海民族大学师范学院教授，主要从事民族教育研究；雷富英（1981—　），女，青海西宁人，汉族，青海民族大学师范学院讲师，主要从事汉语言教育研究。

规范、人文精神、行为品质铸就了中华民族的精神基因，是中华民族伟大复兴的源头活水和不竭动力，是中华民族共同的精神标识。五千年来从未中断的中华文明，用其强大的包容力、感召力和影响力求同存异、兼容并包、和合共生，中华民族优秀传统文化是各民族文化共建、共享和共创的，深厚的文化底蕴中蕴藏的是各民族的精神气质，各民族在交往、交流、交融中互济共生、互学互鉴，共创了大一统的中华文明，共建了中华民族的精神家园，铸就了中华民族共同体的发展。各民族对中华民族有着强烈的归属感和依恋感，像是石榴籽一样紧紧依偎在中华民族的大家庭里，共同抵御西方列强的欺辱，在患难与共中形成了手足相亲、守望相助的心理共鸣和情感共通。中华文明发展中每一次文化大融合的历史，就是中华民族共同体不断被熔铸的历史，中华优秀传统文化与中华民族共同体的发展之间从来都是相互链接的，全国各族儿女以共同的文化认同而产生对伟大祖国、中国共产党、对社会主义中国的强烈依恋与归属，这种持久而深沉的感情积淀在中华民族共同体的意识之中。

高等教育要深入阐释中华民族的文化精神、文化胸怀和文化自信，挖掘中华优秀传统文化中的哲学思想、价值体系、道德规范、人文精神，充分运用优秀传统文化中的道德教化资源，引领学生对中华民族共同体意识有更深入的理解，从而更好地凝聚民族精神，浇铸中华民族共同体意识的根基，觉悟和升华大学生的中华民族命运共同体意识。

二、加强爱国主义教育，厚植爱国主义情感，构筑中华民族共同体意识的硬核

要厚植大学生的爱国主义情感，让大学生成为爱国主义最坚定的弘扬者和践行者，是铸牢大学生中华民族共同体意识的核心。2019 年 4 月 30 日，习近平总书记在纪念五四运动 100 周年大会上讲"对新时代中国青年来说，爱国主义是立身之本、成才之基。当代中国爱国主义的本质，就是坚持爱国和爱党、爱社会主义高度统一"。爱国是中华民族共同体意识的最大责任和最大担当，也是大学生深层自觉认同中华民族共同体意识的行动遵循和精神彰显。

随着《新时代爱国主义教育实施纲要》的颁布，按照教育部《教育系统关于学习宣传贯彻落实〈新时代爱国主义教育实施纲要〉的工作方案》的要求与部署，2020 年将是爱国主义教育主题年，爱国主义教育将以更加持久、深入、生动地开展"立心铸魂"行动，要将爱国主义精神贯穿学校教育教学全过程，全面激发师生的爱国情感，激励使命担当。这样的契机将为全方位铸牢中华民族共同体意识

打造良好的氛围。青海高校要善于将时代大课堂与思政课堂无缝衔接，要善于挖掘现实社会中的教育素材，结合学生的生活和见闻，分析和解读重大事件所彰显的我国社会主义制度的优越性，潜移默化地熔铸学生爱国、爱党、爱社会主义制度、爱中华民族大家庭的信念。

2020年年初，一场突如其来的新冠肺炎疫情，启动了全民疫情防控阻击的人民战争，这一次全民阻击战从党中央权威而集中的领导、中国特色社会主义制度的有力保障、国家治理体系和治理能力的体现、全国人民的团结一致众志成城、社区治理的高效、医务工作者的担当与牺牲、各行各业所做出的巨大努力、"一方有难，八方支援"的中华民族一家亲的文化传统等都是新时代进行爱国主义教育的新素材，为学校开展爱国主义教育提供了丰富的理论与实践依据，进一步优化和完善了爱国主义的内容和体系，使大学生从自己亲身经历的事件中认识到社会主义制度的优越性，更好地理解爱国主义、集体主义，对中华民族是经历了无数难以想象的风险和考验的伟大民族有了更深刻的认知。

学校教育要将疫情防控中表现出的爱国主义事例融入教育教学过程，让思政课与战役现实结合，唱响爱国主义主旋律，弘扬爱国主义，用人世间最深层、最持久的情感——爱国主义坚定大学生的信念，用无数的事实阐释负责任敢担当、为人民服务的政府对国家的重要性，将党和人民抗击肺炎疫情的人民战争这一伟大斗争和伟大实践作为鲜活爱国主义教育实践课，发挥积极传播正能量的作用。只有爱国与热爱中华民族一致，才会更加认同自己的民族身份，才会有更加强烈的荣誉感、认同感、归属感和尊严感。习近平总书记说："爱国爱党爱社会主义是高度统一的。"孙中山先生曾说："爱国是最大的责任担当。"爱国就是要维护自己国家的利益和尊严，就是爱自己的国家，爱自己的民族，爱自己民族的悠久历史，爱自己国家的政治制度，爱自己国家文明灿烂的文化……习近平总书记说"爱国主义是中华民族民族精神的核心[1]"，新时代的爱国主义有着丰富而深厚的内涵，"爱国主义始终是把中华民族坚强团结在一起的精神力量"[2]。厚植了爱国主义情感就是铸造了中华民族共同体的坚韧内核。

三、加强社会主义核心价值观培育，铸牢中华民族共同体意识的价值基石

社会主义核心价值观的培养是影响中华民族共同体意识的第一因子，作为重要解释变量，可以预测中华民族共同体意识的发展。因此，培育社会主义核心价值观对铸牢大学生的中华民族共同体意识具有重要作用。

通过培养社会主义核心价值观，凝练全体成员共同遵守的价值共识，这是铸

牢中华民族共同体意识的价值基石。大学生只要形成了正确而深刻的社会主义核心价值观的理性认知，形成相应的价值判断、评价和甄别的理性思维，就会产生对社会主义核心价值观的心理趋同的积极情感，就会自觉地以社会主义核心价值观为标准规范和要求自己。这就为铸牢中华民族共同体意识打下了坚实的价值基础，因为社会主义核心价值观中国家层面的价值观是对中国特色社会主义伟大事业的美好设想，是全中华民族共同的理想信念和目标追求。建设经济富强、政治民主、精神文明、社会和谐的社会主义美好中国，这是全民族的奋斗目标、价值选择和共同梦想。对社会主义核心价值观的丰富内涵的理解，有助于大学生提升对社会主义核心价值观的理论认识，才有可能用价值观规范自己的行为，坚定践行社会主义核心价值观的决心。

核心价值观是一个民族赖以维系的精神纽带，是中华民族共同体的道德基础。党的十九大报告中习近平总书记对培育和践行社会主义核心价值观做出"要以培育担当民族复兴大任的时代新人为着眼点"的重大部署。社会主义核心价值观是与中国特色社会主义的政治制度、经济基础相适应、相一致的社会共识，是全民族对中国特色社会主义从思想、价值观念层面到实践不断深入的认识和认同，是全社会的道德基础，凝结着新时代中华民族时代精神和广泛共识。培育和践行社会主义核心价值观是我们能在激荡的世界文化中保持民族文化自信的重要屏障。只有持续培育和践行社会主义核心价值观，才能更好地构筑中华民族共同体意识的价值基石。

四、挖掘红色文化和革命文化的价值，铸牢中华民族共同体意识的精神动力

青海具有丰富的红色文化和革命文化，有大量传承红色基因的中国革命文化遗产。有记录在血与火的革命岁月中西路军艰苦卓绝斗争历史的中国工农红军西路军纪念馆，有弘扬"两弹一星"精神的中国第一个核武器研制基地旧址，有彰显革命前辈艰苦奋斗精神的青藏公路建设指挥部旧址（将军楼），还有循化西路红军革命旧址、果洛州班玛县亚尔堂乡子木达红军长征标语、红军哨所、红军墓等一大批红色革命文物和近现代重要史迹。这些红色革命文物，在青海历史长卷中留下了感人肺腑、弥足珍贵的一页。它们具有非常重要的思想教育价值。革命文化是在中国共产党领导全国各族人民在反对帝国主义和国民党反动派的剥削和压迫斗争中共同创造的，革命文化产生在新中国建设和发展的不同时期，在推翻殖民地半殖民地与帝国主义的双重压迫时创造了中华民族的无产阶级革命文化。在新中国建设的五六十年代又形成了党带领全国各族人民艰苦奋斗、自力更生、

一心一意搞社会主义建设的红色经典革命文化，改革开放以及党的十八大以来，形成以"四个自信"为引领实现中华民族伟大复兴和建设富强、民主、文明、和谐、美丽社会主义的新革命文化，都为革命文化注入了新时代的丰富内涵。中国革命在长期探索实践中形成了红船精神、井冈山精神、长征精神、延安精神、"两弹一星"精神、抗震救灾精神等一系列红色精神，这些都是在党的领导下，凝聚和团结全国各族人民共同奋斗取得一次次重大胜利的总结，是大学生思想教育的宝贵资源。

革命文化与大学生思想教育、铸牢中华民族共同体意识有着共同的目标追求。将丰富的红色文化和革命文化融入大学生思想教育过程中，可以极大地丰富课程资源，提升课程的亲和力和感染力，使理论教学与中国革命发展的点滴历史相融合，符合学生认知发展的规律与特点。将红色文化和革命文化与思想教育相结合，是在历史与现实的对比中将真理的力量、信仰的力量、价值的力量、理想的力量注入课堂，注入大学生思想和灵魂深处，从而增强大学生的"四个自信"，坚定"四个意识"，铸牢中华民族共同体意识。

高校思政课教学要深入挖掘革命文化和红色文化在新时代的思想教育新属性，赋予革命文化新的时代内涵，提升革命文化和红色文化的育人功能。有学者提出"文化自信的根基、支柱和灵魂分别是中华优秀传统文化、革命文化和社会主义先进文化"[3]，思政教育应该将革命文化融入文化自信教育和中华民族共同体意识熔铸之中，与专业学习、社会实践、校园文化活动、主题团日活动等常规思想政治教育紧密结合起来，用革命文化和红色文化拓展思政教育的深度与宽度，让学生在一个个英雄事迹和感人故事中感知中国精神、体会中国价值、领悟中国文化，为铸牢中华民族共同体意识增添不竭的精神动力。

五、坚定"四个自信"，增强"四个意识"，为铸牢中华民族共同体意识注入时代精神和丰沛能量

中国特色社会主义进入新时代，习近平思想为中国特色社会主义事业发展提供了坚实的理论基石。坚定"四个自信"、增强"四个意识"是推动我国社会主义事业发展、中华民族实现伟大复兴的不竭动力，也为铸牢中华民族共同体意识注入了时代精神和丰沛能量。

当今世界面临大发展、大调整、大变革的巨大变局，各种文化观念激烈碰撞，各种文化交融交锋日益频繁，西方国家凭借长期的经济优势和话语强势，以所谓的"普世价值"对其他国家实施文化侵略和文化渗透，"以西为美"文化殖民思想就是妄图要矮化其他文化，让其淡化甚至放弃对本民族的精神文化的认同。受其影响，曾有段时间，我国大学课堂教育中或多或少存在一些"教育西化"现象，教师的文化自信心不足，许多塑造中国国家精神、革命传统、中华优秀传统文化的内容讲得过少甚至是被批评、被吐槽得过多，讲起来底气不足，取而代之的是一些老师动辄羡慕、憧憬西方，美化西方，宣扬西方思想，甚至大加褒奖文化与制度，个别教师甚至逢课必讲西方好，存在"言必希腊""呲必中国"的现象，崇拜西方而贬低中国传统文化，这种精神上的自我矮化是文化不自信的表现，教师的教育与灌输对学生来说就是一种刺激，学习的过程就是在刺激之下建立条件反射的过程。心理学证明，长久、持续而稳定的刺激能形成人对特定刺激的特定条件反应敏感性。优良的教育就是一种定向正刺激，会成为学生前进的动力和方向，成就学生的优良秉性，充满负能量的负向刺激，使学生在否定自我文化的过程中失去自信、失去希望，这就背离了通过教育实现民族复兴、国家强盛的初衷。

新中国70年来取得的辉煌成就彰显了我国在道路、理论、制度、文化上的优势，这是我们坚定"四个自信"的坚实基础。也是增强"四个意识"的客观基础。中国共产党以人民幸福、国家富强、民族复兴为己任，带领中华民族勠力齐心，在严峻而复杂的国际局势中奋力发展。但世界霸权主义对我国发展的干扰和压制从未停止过。中华民族在每一次的考验中，都能够创造历史奇迹，铸就跨越式的发展，取得巨大成就，就是有了中国共产党的领导、有了社会主义制度独特的优越性的保障。正如习近平总书记所说"当今世界，要说哪个政党、哪个国家、哪个民族能够自信的话，那中国共产党、中华人民共和国、中华民族是最有理由自信的"。

在2020年防控新冠肺炎疫情的人民战争中，我国最先遭遇这场重大突发公共卫生事件造成的灾难，也是最快战胜灾难的国家。在中国共产党的坚强领导下，集中力量办大事，以社会主义强大的体制保障社会稳定发展，始终把人民群众的生命安全和身体健康放在第一位，这是其他西方国家做不来、学不来的。与其他各国在面对类似灾难时所展现的窘况不同，在这次新冠肺炎疫情的防控中，中国形成了强大且系统的抗疫体系，使舆论宣传、复工复产、信息传递、物流交通等诸多领域充分协调配合，争分夺秒救护病患，不舍昼夜建成火神山、雷神山医院，体现的是中国速度、中国规模和中国效率。一个文明深厚、治理有方、井然有序、万众一心的大国形象展示在世人面前，充分体现了我国的制度优势、道路优势，使全国各族人民对中国共产党的领导、对社会主义制度产生了信任、依赖与无比的热爱。这种强烈的信任感激发了国人对中华民族共同体的认同感、归属感和自豪感，中华民族团结一心、凝心聚力，显示出的强大力量，使世界各国普遍赞誉。这些现实素材都是铸牢大学生中华民族共同体意识的宝贵教育资源。

铸牢中华民族共同体意识的教育过程中，既要坚定"四个自信"，还要增强"四个意识"。"四个意识"是我们坚定"四个自信"的前提，政治意识、大局意识、核心意识、看齐意识从根本上要突出党的集中权威领导，这是铸牢中华民族共同体意识的定海神针，是党的建设坚强有力的保障。高校思政课教学中，就要旗帜鲜明地坚定"四个自信"，增强"四个意识"，为铸牢中华民族共同体意识注入时代精神和丰沛能力。

六、加强民族团结进步教育，熔炼中华民族共同体意识的基本途径

各民族团结一心是中华民族实现伟大复兴的根本保障。新中国成立后我国实行民族区域自治制度，实现了民族地区最深刻的社会变革，民族地区各族人民群众获得了前所未有的解放和发展，极大地激发了各民族群众的生机与活力，当家作主的精神面貌体现出各民族的进步和伟大跨越。党和国家始终坚持"共同团结奋斗，共同繁荣发展"的工作主题，民族地区在"精准扶贫"的脱贫政策扶持下，与全国各族儿女一起全面建设小康社会，不断创造出跨越式发展的奇迹。走进新时代后，在习近平总书记"以人民为中心"的发展思想指导下，消除贫困，全面建设小康社会的伟大实践使全国各族人民再一次深层自觉地认同了中国各民族相互依存的命运共同体。

70年来，我国始终把民族团结作为中华民族发展的生命线，大力促进各民族的交往、交流、交融，把民族团结进步教育作为铸牢中华民族共同体意识的主要途径，用民族团结进步教育和谐各民族之间的关系。2020年2月28日国家民委等四部委印发了《关于进一步做好新形势下民族团结进步创建工作的指导意见》，提出"坚持以各族群众为主体，以铸牢中华民族共同体意识为根本方向，以加强各民族交往交流交融为根本途径，全面深入持久开展民族团结进步创建工作[4]"。

高校教育教学中开展民族团结进步教育，要贯彻马克思主义民族理论，要学习党的民族理论与方针政策，要让大学生切实感受民族团结的重要性，认识到党的领导是各民族团结进步共同发展的根本保证。习近平总书记说："民族工作是我们一项带有根本性的工作，致力于各民族的平等、团结是我党民族政策的基本内容。"各民族只有紧密团结在党中央周围，像石榴籽一样紧紧抱在一起，才能实现各民族的共同繁荣发展。在教学中，我们要善于挖掘民族团结典型案例的教育教学价值，用中华民族一家亲的理念浸润学生的观念，适时结合时政素材加强大学生中华民族命运共同体的意识。例如，2020年在防控新冠肺炎疫情的这场没有硝烟的战争中，全民参与、全民行动，人人都是战斗者。就是全国各族人民团

结在党中央的坚强领导下，各地认真贯彻党中央关于疫情防控的各项决策部署，实行了最严格的防控措施，实施五级联防联控；这是全国各族儿女团结一心、共克时艰的人民意志和人民力量的展现。广大医护工作者冲锋在前，以自身生命安全的巨大风险为代价积极救治患者；公安民警、社区工作者、志愿者不顾个人安危，日夜坚守在岗位维护秩序提供服务，防控物资相关生产企业及时复工，开足马力生产，全力保障一线防控物资供给；科研人员争分夺秒，抓紧攻关重难点课题；各地基层群防群治构筑严密防线；社会各界纷纷捐款捐物；物流供应、交通运输、电力保障等行业履职尽责，为抗击疫情保驾护航。这场全国人民团结一心、众志成城、攻坚克难的疫情阻击战就是中华民族共同体大家庭的群体精神、共同心灵从观念到行为的一次伟大彰显。这样的案例，每个人都是亲身经历者，教学中要善于提升事件中蕴含的精神内涵，帮助学生从深层次体会认识民族团结是中华民族的精神瑰宝，是中华民族战胜一切磨难的支柱。使大学生从理论认知到情感体验，自觉认同中华民族共同体是各民族相互依存、和谐共生的命运共同体。

参考文献

［1］习近平在纪念中国人民抗日战争暨世界反法西斯战争胜利69周年座谈会上的讲话［N］.人民日报，2014-9-3（01）.

［2］习近平在第十二届全国人民代表大会第一次会议上的讲话［N］.人民日报，2013-3-17（01）.

［3］徐国亮.社会主义先进文化是中华民族文化自信的灵魂［J］.山东社会科学，2018（02）：5-10.

［4］新华社.关于进一步做好新形势下民族团结进步创建工作的指导意见.2020-2-28.

中华优秀传统文化涵养新时代大学生
铸牢中华民族共同体意识的有效路径

袁睿琴 *

摘　要： 中华优秀传统文化与铸牢中华民族共同体意识具有内在的共生性和黏合性。中华优秀传统文化对于铸牢大学生中华民族共同体意识方面发挥着重要作用和独特功能。以中华优秀传统文化涵养新时代大学生铸牢中华民族共同体意识，需要提升新时代大学生民族共同体意识涵养的情感认知、营造涵养的良好氛围、搭建涵养的传播平台和夯实涵养的实践基础，四维路径协同联动推进。

关键词： 中华优秀传统文化；民族共同体意识；新时代；涵养

习近平总书记在党的十九大报告中指出："深入挖掘中华优秀传统文化蕴含的思想观念、人文精神、道德规范，结合时代要求继承创新，让中华优秀传统文化展现出永久魅力和时代风采。"[1]在历史发展进程中所凝练下来的优秀传统文化，对中华儿女所产生的潜移默化的影响也逐渐融入人们的思想与生活当中。作为迈入新时代的大学生，涵养并铸牢中华民族共同体意识也成为高校现阶段研究的重要课题。深入发掘中华优秀传统文化所具有的时代特征和价值内涵，让民族共同体意识做到真正的入脑入心，让新时代大学生体会到用中华优秀传统文化涵养并铸牢中华民族共同体意识的重要意义。

一、中华优秀传统文化与铸牢中华民族共同体意识的关系

从文化的溯源性和基因的同根性来说，中华优秀传统文化与民族共同体意识具有天然的内在统一关系，前者是后者的重要精神力量，后者是前者的传承和发展，二者有机地统一于建设新时代中国特色社会主义的历史进程之中，助力于新时代

---

* 袁睿琴，助教，研究方向为高校思想政治教育。

实现中华民族伟大复兴中国梦的生动实践之中。

（一）中华优秀传统文化是铸牢中华民族共同体意识的重要精神力量

中华优秀传统文化是铸牢中华民族共同体意识的思想之基和价值源泉，挖掘和汲取中华优秀传统文化当中的有益养分，赋予民族共同体意识以新时代的内涵，对于培育和涵养大学生的爱国主义教育观念，铸牢民族共同体意识具有重要意义。漫漫长河演绎着中华的传统文化，民族文化间的交流与碰撞，使得中华优秀传统文化在民族间的交融中得到了继承与发扬，加深了各民族间的文化契合，形成了各民族"彼此包容 团结奋进"的文化精神。中华优秀传统文化所体现的丰富时代价值，是民族共同体意识的重要精神来源，更是铸牢中华民族共同体意识的坚实基础。

（二）铸牢民族共同体意识是对中华优秀传统文化的继承和升华

铸牢中华民族共同体意识，是中国共产党在新的历史时期提出的思想文化和价值目标，它深深根植于中华优秀传统文化的思想体系之中，充分吸收并借鉴了中华优秀传统文化的思想精华，根据社会发展的需要对中华优秀传统文化进行了时代性的创新和发展，赋予了中华优秀传统文化新的生命和活力，从而在新的条件下实现了对中华优秀传统文化的继承和升华。首先，从思想内容方面来理解，民族共同体意识的理论来源十分丰富，它既包括几千年来历史沉淀的各民族文化，也包括中国共产党领导全国人民在各个历史发展时期所创造的革命建设和社会主义先进文化；既吸收了马克思主义意识形态理论，又取材于中国特色社会主义理论和社会主义核心价值体系等优秀思想。其次，从时代性方面来看，作为一定封建时期的思想文化，中华优秀传统文化自身不可避免地带有封闭性、保守性和封建性的历史特点，在新的历史条件下具有不合时宜和不可取的思想内容。因此，民族共同体意识不是对传统文化的照搬复制和简单继承，而是在新时代中国特色社会主义发展的关键时期，立足于当下发展所提出的新内容，从而展现出了新时代中华优秀传统文化具有的独特魅力。再次，从知行统一的维度来理解，中华优秀传统文化是中华文明的优秀内核，是中国历代知识分子安身立命的根本所在，它更注重一种内心的修养和品德的塑造，更多是停留在"知"的层面。而民族共同体意识不仅吸收和借鉴了中华优秀传统文化有关"知"方面的内容，而且更注重个体亲身实践与弘扬，即由"知"的层面达到了"行"的层面，实现了知行统一。

（三）中华优秀传统文化与民族共同体意识有机融合、同频共振

中华优秀传统文化与民族共同体意识具有内在的契合性和耦合力。一方面，中华优秀传统文化为铸牢中华民族共同体意识提供了重要精神力量；另一方面，进一步继承和弘扬了中华优秀传统文化，二者之间有机融合、同频共振。首先，作为民族共同体意识思想来源和理论基础的中华优秀传统文化，已经融入民族历史发展的进程中，扎根于中华民族并影响着人们的思维方式和行为习惯。从这一层面来说，中华优秀传统文化已经成为民族共同体意识培育和涵养的文化土壤和背景环境，对于铸牢中华民族共同体意识具有重要影响。其次，铸牢中华民族共同体意识是中国共产党在国家现代化发展进程中提出的思想号召，是统领中华儿女凝聚共识团结奋进的思想指南。再次，中华优秀传统文化的弘扬与民族共同体意识的涵养是一体两面、相互呼应的，二者统一并实践于实现社会主义发展的现代化历史进程当中。同样，作为中华优秀传统文化精髓传承者的民族共同体意识，承载和寄托着中华儿女的美好心愿，随着中国特色社会主义发展进入新时代，进一步弘扬和展示中华优秀传统文化所具有的独特风貌，铸牢中华民族共同体意识，让包括中华优秀传统文化在内的带有中国气派、中国风格的价值观念和思想文化传播世界，使中华民族能够自信昂扬地屹立于世界变化发展的大舞台当中。

二、中华优秀传统文化涵养新时代大学生铸牢中华民族共同体意识的时代意蕴

（一）保持新时代大学生思想精神独立性的内在要求

高校主体现大多为"00"后，在他们身上体现出鲜明的个性，对思想精神的独立有较高的渴望，真正将爱国主义教育践行于大学生的日常生活当中，让民族传统文化独有的精神内涵展现出时代魅力，从而更好地践行民族共同体意识的培育，是保持新时代大学生思想精神独立性的内在要求。一方面，民族共同体意识展现出了当代中国人民的精神与风采，是对当下中国力量的思想道德基础的汇聚，涵养新时代大学生铸牢中华民族共同体意识，就是要坚定不移地培养大学生养成具有中国特色的风格气派、思想情感、审美追求和行为方式，使大学生在纷繁复杂的社会潮流中保持思想精神的独立，积极传播中华优秀传统文化，并致力于践行和弘扬社会主义核心价值观，为新时代改革开放和社会主义发展贡献自己的力量，凸显出新时代大学生独有的精神风貌。另一方面，民族共同体意识作为中华民族思想文化中的纽带，是对中华优秀传统文化精神的集中展现，其中表现出来

的古代先哲的思想、仁人志士的期望、革命先辈的理想，是新时代大学生培育和践行民族共同体意识的重要学习内容。这有助于新时代大学生保持思想的独立性和民族精神的独立性，有利于新时代大学生更好地坚守形成于中华大地的社会主义核心价值观，铸牢大学生民族共同体意识，从而有利于汇聚起大学生在新时代的浪潮中为祖国建功立业、书写自己精彩人生的强大青春正能量。

（二）增强新时代大学生文化自信的必然宗旨

习近平总书记指出："培育和弘扬社会主义核心价值观，增强中国特色社会主义道路自信、理论自信、制度自信、文化自信，这是保持民族精神独立性的重要支撑。"[1]中华优秀传统文化对于新时代大学生民族共同体意识的滋养，是增强新时代大学生文化自信的必然旨归，也是对大学生民族共同体意识铸牢的重要方式。首先，作为民族共同体意识思想渊源和理论基石的中华优秀传统文化，为民族共同体意识增加了深厚的历史底蕴和文化基础，培育和践行新时代大学生民族共同体意识，是提升大学生学习和掌握中华优秀传统文化价值理念的重要途径，有利于培养新时代大学生对于民族共同体意识的文化自信。其次，新时代大学生增强文化自信，说到底是对中华民族共同坚守的情感和价值的自觉，是对中华儿女共同追求的理想和精神的自信。对中华优秀传统文化传承和发展的民族共同体意识，是新时代大学生应该追求的精神文化和价值引领。最后，民族共同体意识既继承了中华优秀传统文化的积极思想，又按照时代需要实现了对中华优秀传统文化的重塑与创新，展现出了符合时代特点的新内容，这就为新时代坚持文化自信提供了价值逻辑和思想理路。作为当今社会最活跃群体的大学生，要认真学习中华优秀传统文化的思想内容，不断用中华优秀传统文化来提升自身道德修养，丰富自己的内心世界，自觉培育和践行民族共同体意识，从而增强文化自信，让民族共同体意识在大学生的心中生根开花。

（三）提升大学生担当新时代民族复兴的客观需要

习近平总书记在党的十九大报告中指出："青年一代有理想、有本领、有担当，国家就有前途，民族就有希望。"[2]大学生作为青年中积极向上的群体，是祖国未来事业发展的接班人，承担着社会主义建设和发展的重任。一方面，中华优秀传统文化是中华民族的主文化，中华优秀传统文化所展示出的责任与担当、爱国主义精神和努力奋进思想，对于培养大学生民族共同体意识具有重要的引导和示范作用，有利于激发大学生爱国主义热情，自觉培养对民族共同体意识的信仰、传播和践行，从而担当起实现中华民族伟大复兴中国梦的历史责任和时代意义。

另一方面，国家的发展和民族的未来无疑与新时代大学生的理想信念紧密相连。中华优秀传统文化涵养起来的民族共同体意识，是新时代大学生要牢固树立的理想信念和道德规范，是引领新时代大学生投身为人民利益而不懈奋斗征程中的思想航标，也是引导新时代大学生投身实现中华民族伟大复兴中国梦生动实践的思想指南。总之，铸牢新时代大学生民族共同体意识需要中华优秀传统文化的滋养和培育，这既是铸牢新时代大学生中华民族共同体意识的具体举措，也是提升大学生担当新时代民族复兴责任的客观需要。

（四）涵养新时代大学生民族共同体意识的重要选择

要将民族共同体意识使大学生入脑入心，要被新时代大学生所认同、遵循和践行，必须深度契合到新时代大学生的思想行为观念和价值追求当中。中华优秀传统文化作为国民教育的基础性文化，已经深深熔铸于大学生日常的学习、生活和实践之中，成为大学生日用而不知的思想力量。一方面，立足于中华优秀传统文化与铸牢大学生民族共同体意识，拉近与学生之间的距离，使民族共同体意识的教育更加符合大学生的现实生活和思想行为，从而促进民族共同体意识更加人文化、生活化和时代化，更好地发挥社会主义核心价值观引领大学生思想潮流的社会功能，更好地涵养新时代大学生筑牢中华民族共同体意识。大学生民族共同体意识培育与涵养是新时代高校思想政治教育的重要任务，贯穿于新时代高校办学育人的全部过程，是落实高校立德树人任务的核心与关键，也是培养全面发展人才的重要措施。将中华优秀传统文化融入新时代大学生民族共同体意识培育之中，有利于彰显中华优秀传统文化以文化人和以文育人的功能，为新时代铸牢大学生民族共同体意识提供有效载体。另一方面，中华优秀传统文化对大学生民族共同体意识所产生的积极影响，既有利于加深大学生对中华优秀传统文化的认识和理解，又有利于增强大学生民族自豪感和自信心，既是中华优秀传统文化贯穿、结合、融入新时代大学生民族共同体意识的内在要求，又是不断引导新时代大学生勇做民族共同体意识的积极传播者、忠实信仰者、努力践行者的实践需要。

三、以中华优秀传统文化涵养新时代大学生民族共同体意识路径选择

中华优秀传统文化涵养新时代大学生民族共同体意识，是推进新时代高校培养人才的重要方向，对促进高校文化育人目标的实现，提升大学生铸牢民族共同体意识的实效具有重要的现实意义。为此，要积极探索中华优秀传统文化涵养新时代大学生铸牢民族共同体意识的有效路径。

（一）推进中华优秀传统文化融入思政体系，提升新时代大学生民族共同体意识的情感认知

将中华优秀传统文化融入思政理论课教学之中，对于提升涵养大学生民族共同体意识的情感认同具有重要的作用。习近平总书记在全国高校思想政治工作会议上指出："要用好课堂教学这个主渠道，思想政治理论课要坚持在改进中加强，提升思想政治教育亲和力和针对性。"[3] 首先，将中华优秀传统文化融入思政课堂的教学过程当中，在耳濡目染的环境中进行熏陶，帮助大学生培养高尚的道德情操、坚毅的人生品格、远大的理想追求和深邃的哲学眼光，更好地引导大学生在中华优秀传统文化当中探寻人生真理，感悟做人做事的学问，增强学生的文化底蕴，提升大学生的文化素养，夯实大学生民族共同体意识培育的文化基础。其次，要推进中华优秀传统文化融入思政教材。加大力度整合通识课教材资源，尝试构建与本校实际相符合的中华优秀传统文化教材，紧紧围绕国史、近代史、党史来发掘中华优秀传统文化资源，精心打造学生喜爱的中华优秀传统文化通识课教材，要通过发挥中华优秀传统文化教材的基础性作用来提升大学生民族共同体意识涵养的理论认知。最后，要重视高校思想政治教育教师队伍建设。加强思政课教师的传统文化知识修养，提升思政课教师的育人底气，思政课教师要不断提高自身对于中华优秀传统文化的理解力、表达力和阐释力，将中华优秀传统文化当中的思想内涵准确传递给学生，从而实现以文感人的效果，提升新时代大学生民族共同体意识涵养的情感认知。

（二）推进中华优秀传统文化进入高校校园，营造新时代大学生民族共同体意识涵养的良好氛围

习近平总书记在全国高校思想政治工作会议上的讲话指出，"要更加注重以文化人和以文育人，广泛开展文明校园创建，开展形式多样、健康向上、格调高雅的校园文化活动"[2]，推进中华优秀传统文化入校园，是以中华优秀传统文化涵养新时代大学生民族共同体意识的重要路径选择。一方面，让中华优秀传统文化融入高校校园文化活动，可以在活动中传播中华优秀思想理念、道德品质和人文价值，培养大学生的人文素养，有助于增强大学校园文化建设，无形中产生有利于大学生民族共同体意识涵养的校园文化土壤和氛围环境，使民族共同体意识"润物细无声"般地弥漫在大学校园之中，产生"春风化雨"般的效果。另一方面，可以将中华优秀传统文化纳入高校校园文化建设，实施"中华优秀传统文化进校园"工程，大力开展"弘扬中华优秀传统文化""中华传统戏曲进校园"等高校校园文化建设活动，不断提高新时代大学生的精神文化素养。高校可通过多种形式将传统文化的内容融入学生的实践活动当中，如中华经典朗诵、中华诗词大赛、中华书法绘画比赛等，还可以邀请民间艺人、非物质文化遗传传承人等讲述自己与中华优秀传统文化之间的故事，使学生近距离学习和感受中华经典，自觉培养对中华优秀传统文化的兴趣爱好，在丰富个人精神世界的同时提高文化修养。总之，推进中华优秀传统文化进入高校校园，就是要用中华优秀传统文化来提升大学校园文化，培养大学生的精神追求和道德情操，从中华优秀传统文化当中获取思想智慧，使新时代大学生民族共同体意识涵养成为有源之水、有本之木，从而营造新时代大学生民族共同体意识涵养的校园良好氛围。

（三）推进中华优秀传统文化对接新兴媒体，搭建新时代大学生民族共同体意识涵养的传播平台

习近平总书记强调："要运用新媒体新技术使工作活起来，推动思想政治工作传统优势同信息技术高度融合，增强时代感和吸引力。"[6]当今社会，随着互联网信息技术高速发展，以微博、微信、微视频为主要传播方式的"微传播"已经在时代发展中占有一席之地，网络社交媒介平台越来越多地影响着大学生接受信息的方式。推进中华优秀传统文化对接新兴网络媒体，是以中华优秀传统文化涵养新时代大学生民族共同体意识的有效路径。一方面，要借助微视频等新媒体平台来宣传中华优秀传统文化，建立高校中华优秀传统文化微信公众号和微博账号，定期推送和上传有关中华优秀传统文化的学习内容，宣传大学生喜闻乐见的中华优秀传统文化，如中华经典文本解读、中华优秀诗词鉴赏、历史名人典故、中华优秀传统文化竞猜等内容，使大学生学习和了解中华优秀传统文化，喜爱并践行中华优秀传统文化，自觉做中华优秀传统文化的忠实传承者、积极传播者和优秀弘扬者。另一方面，要发挥"互联网＋"手段在传播中华优秀传统文化方面的积极作用，开辟大学生民族共同体意识涵养的有效渠道。要树立"互联网＋"中华优秀传统文化教学理念，发挥"互联网＋"技术对传统教学的辅助补充作用，形成中华优秀传统文化优秀师资、优质课程的共建共享，改变以往中华优秀传统文化单一的教学模式。要建设"互联网＋"中华优秀传统文化教学平台，搭建并整合传播中华优秀传统文化的平台，使中华优秀传统文化资源从单一的封闭模式走向多元开放的交流模式，最大限度地增加学生的自主学习热情，从而搭建新时代大学生民族共同体意识涵养的传播平台。

（四）推进中华优秀传统文化融入社会实践，夯实新时代大学生民族共同体意识涵养的实践基础

"推进大学生民族共同体意识培育问题，不仅仅是一个理论层面的思考问题，还是一个生活实践问题。"[4]要使中华优秀传统文化在涵养新时代大学生民族共同体意识方面发挥作用和实效，就要夯实新时代大学生民族共同体意识涵养的实践基础。首先，高校可结合当地中华优秀传统文化资源，建立大学生中华优秀传统文化实践教学基地，让大学生实地感受中华优秀传统文化，比如，组织学生参观传统文化展览馆、民间艺术展厅、历史名人纪念馆、文化遗址公园等，通过对中华优秀传统文化实践基地的参观与学习，使大学生在思想上更加认同中华优秀传统文化，增添学生的学习兴趣，从而增强大学生的文化素养。其次，高校要利用中华传统节日加强对大学生的传统文化教育，让大学生走出校园亲身实践，感悟中华优秀传统文化的魅力。高校可以充分利用中国传统节日对大学生进行社会实践学习教育，组织大学生进社区、进基层、进社会，实际感受中华传统节日，了解中华传统节日的风俗习惯和民间传统，提高大学生对中华传统节日的认知程度。最后，高校可以组织大学生开展文化下乡服务，增加学生对于中华书法的喜爱，厚植中华优秀传统文化的实践土壤，增强新时代大学生民族共同体意识涵养的实践基础。

参考文献

[1] 习近平.决胜全面建成小康社会 夺取新时代中国特色社会主义伟大胜利——在中国共产党第十九次全国代表大会上的报告[R].北京：人民出版社，2017-10-27.

[2] 习近平.把思想政治工作贯穿教育教学全过程 开创我国高等教育事业发展新局面[N].人民日报，2016-12-09（01）.

[3] 马克思恩格斯选集（第一卷）[M].北京：人民出版社，2012.

[4] 李艳.红色文化资源与大学生社会主义核心价值观培育[J].广西社会科学，2017（10）：249-252.

担负铸牢中华民族共同体意识的大学责任

——对青海高校开展铸牢中华民族共同体意识教育的思考

阿进录

摘　要: 铸牢中华民族共同体意识这一概念具有深厚的理论渊源、历史文化根基和深刻的时代意义。高校是各族师生最为集中的场所,加强中华民族共同体意识教育具有特殊重要的意义。立足新时代,高校必须结合国家战略需要,构建铸牢中华民族共同体意识教育长效机制。

关键词: 高等学校;中华民族共同体意识;长效机制

党的十八大以来,习近平总书记强调指出,要铸牢中华民族共同体意识,加强各民族交往、交流、交融,促进各民族像石榴籽一样紧紧抱在一起,共同团结奋斗、共同繁荣发展。[1]深刻领会这一重大创新理论的战略考量、思想内涵,增强做好工作的政治自觉、思想自觉和行动自觉,具有重大理论和实践意义。青海省是一个多民族省份,现有人口592.39万,其中少数民族人口293.04万,占49.47%,少数民族人口比例仅次于西藏、新疆,高于内蒙古、广西、宁夏回族自治区,是全国少数民族比例最高的省份。[2]青海高校现有38个民族的学生8.86万名,少数民族学生占比45%。多年来,青海省紧扣铸牢中华民族共同体意识主线,围绕"创建民族团结进步示范省"目标,采取一系列有效措施,保持了全省民族团结社会稳定,特别是高校担负起铸牢中华民族共同体意识的大学责任,在民族团结、民族融合方面做了大量工作,一些做法和经验值得进一步研究和总结。

一、青海高校开展铸牢中华民族共同体意识教育的基本情况

(一)主要做法

一是以顶层设计为牵引形成铸牢中华民族共同体意识教育合力。各高校始终把铸牢中华民族共同体意识作为学校重大政治任务,系统规划、立体推进、全面覆盖,形成组织领导、宣传教育、目标考核、协调配合、激励保障等工作体系和

运行机制。建立全员育人、全过程育人、全方位育人的工作机制，将铸牢中华民族共同体意识教育分为民族团结与祖国统一教育、省情教育、法纪教育、道德教育、人生规划教育、民族节日文化教育等模块，分学期、模块化、渐进式推进。二是以课程为抓手夯实铸牢中华民族共同体意识根基。设置《铸牢中华民族共同体意识》课程，开设一批民族团结通识课和示范课，培育一批融中华民族文化传承创新、爱国主义与家国情怀教育于一体的综合素养课，挖掘专业课的思想教育元素，强化民族共同性，淡化民族差异性，注重从价值观层面培育正确的国家观、民族观、宗教观、历史观和文化观，夯实铸牢中华民族共同体意识的思想政治基础。突出"铸牢中华民族共同体意识"这个学科标识性概念，强调民族学学科自觉树立学科整体意识、全局意识、担当意识，瞄准国家战略需求和青海经济发展现实问题，紧密结合青藏高原各民族交往、交流、交融的历史，由研究单一民族文化历史向研究多民族交往、交流、交融的转变，为开展铸牢中华民族共同体意识工作提供了理论和实践依据。三是在交往、交流、交融中铸牢中华民族共同体意识。充分考虑学生民族成分、生源地、学习状况等因素，混合编班、编宿舍，各民族学生共同学习、共同生活，形成了相互尊重差异、包容多样，手足相亲、守望相助，你中有我、我中有你，谁也离不开谁的生动局面。强化国家通用语言文字教育，有效提升学生学习水平，增强民族学生的就业竞争力。积极打造校园文化品牌，以马克思主义理论研习社、习近平治国理政思想研习社等精品社团为依托，引导学生坚定理想信念、提高思想政治素质，促进各民族学子交流、交往、交融。

（二）存在问题

一是从认识层面来看，如何从学理、学术角度把习近平总书记关于铸牢中华民族共同体意识重要论断的丰富内涵、核心要件、精神实质、逻辑体系、时代背景、实践要求讲清讲透，还有很大差距。二是从工作层面来讲，各高校存在"上热中温下冷"现象，学院层面往往把铸牢中华民族共同体意识教育作为阶段性工作任务，在特定时段集中宣传教育，没有建立长效机制；也有学校只注重对学生的教育，而忽视对教师的教育。三是从学生角度而言，少数民族学生由于受家庭所处地区经济、文化发展相对滞后，基础教育薄弱、受宗教影响深等因素影响，相对缺乏开放、现代意识，进入大学后在心理和生活方式上有一个转变适应的过程，就业渠道相对狭窄。这些特征如果超越一定尺度，极易转化为狭隘的民族本位观，不利于铸牢中华民族共同体意识。从汉族学生而言，普遍存在对少数民族文化、少数民族历史、少数民族对统一的多民族国家的贡献缺乏认识，对加强中华民族共同体意识教育比较冷漠，在交往互动方面也存在一定的内聚性和排他性。

二、几点思考

（一）准确理解中华民族共同体意识的丰富内涵与时代意义

共同体是人类在组织成为群体过程中形成的相互认同、相互认知、共同归属等组织形式和文化价值，每个个体、每个群体都在特定的人文环境中形成这样的组织形式和文化价值。马克思是较早关注"共同体"理论的思想家。马克思在《政治经济学批判（1857—1858年手稿）》中阐述了"共同体"这一概念。在他看来，"共同体"是现实的个人基于某种共同性或关系所形成的一个结合体。人类在其发展的一定历史阶段，尤其发展初期，由于生活和生产需要共同组成家庭、部落，并以血缘、语言、习惯等为制度基础，共同实现生存和发展的目的。每个人作为共同体成员，遵循共同体基本规范。在马克思、恩格斯那里，"共同体"是作为早期人类的一种社会生活形态来使用的，后来他们又将其用于对资本主义社会的分析，提出货币共同体、资本家共同体、劳动者共同体等。在对资本主义基本矛盾深刻分析的基础上，马克思、恩格斯将共产主义视为人类社会发展的最高形式，作为一种理想类型的共同体，认为只有在这种共同体中，人类才能得到自由、全面的发展，这种自由和全面发展是通过人的自由联合实现的。[3]1887年，德国社会学家滕尼斯系统阐述了"共同体"理论。他认为，"共同体"是建立在血缘、地缘以及共同记忆基础之上的，血缘共同体、地缘共同体和信仰共同体等作为共同体的基本形式，不仅是各个组成部分之和，而且是浑然有机生长在一起的整体。[4]在马克思和恩格斯的思想中，共同体显然不仅包含滕尼斯所阐述的"共同体"的含义，即人们的各种组织形式和生活形态，历史的和现实的，它同时也是一种社会理想。共同体理论产生的历史逻辑是工业革命和城市化。19世纪是人类社会大转型时代，社会由传统的农业社会向工业社会、乡土社会向城市社会转型，深处急剧变革中的个体或群体寻求自身身份认定的探索和尝试，为共同体和共同体意识的产生提供了现实土壤。回到中国，中华民族共同体意识则是在中国历经百年沧桑，面临世界百年未有之变局，历经工业革命和城市化后面对个体之间、族群之间的新问题而做出的新回应，是在新的历史发展阶段上的新回应，展现了中国特色、中国风格、中国气派，进一步展示对中华民族发展、中华民族命运的关心、关爱、关怀，探索民族与民族之间的关系，探索心与心之间的关系，探索不同文化之间的交往、交流、交融，最终形成一个各种文化、各个群体之间能够友好交往，密切交流，深度交融，形成天下大同的社会愿景。所以，习近平总书记关于铸牢中华民族共同体意识这一重要论断的提出，标志着我国新时代民族观的形成、发展与确立，揭示了中华民族历史文化演进的规律，擘画了中华民族未来发展的恢宏愿景，是马克思主义民族理论中国化的最新成果。

（二）深刻把握铸牢中华民族共同体意识的历史文化根基

中华民族共同体意识的构建，不仅是建设现代化强国的迫切需要，也契合中华文化历史演进的逻辑。从地理环境看，自古以来各民族就主要以黄河、长江和丝绸之路为纽带，生活在西高东低、次第延伸、相对独立的地理单元当中，形成了中华民族亘古不变的内向性文化和聚拢式发展轨迹，各民族对统一的多民族国家和中央王朝具有强大的向心力。从民族历史来看，我国各民族自古以来都是土生土长的中国人，不是外来者或者移民，他们都是中华大地的原生主人，所以对祖国具有天然的感情。而且在历史的长河中，各民族不断迁徙、杂居、通婚、融合，形成了你中有我、我中有你的格局，使每个民族都或多或少地融入了其他民族成分。从政治上来看，中国历史上国家统一与政权分立的时间虽然大体上合分参半，但是每一次统一都反映了在更大范围建立统一的多民族国家的大趋势，反映了各民族共建统一国家的历史取向。因此，中国之所以能够形成统一的多民族国家，是源自中华文明内在的吸纳能力和辐射影响所引起的民族融合过程，是民间性的经济社会生活交往及其所引起的自然同化现象形成族际关系主流的结果，而非外来的帝国征服、殖民扩张、制度移植。[5]习近平总书记在深入分析中华民族发展历史、文化禀赋、地理特点的基础上指出："一部中国史，就是一部各民族交融汇聚成多元一体中华民族的历史，就是个民族共同缔造、发展、巩固统一的伟大祖国的历史。"[6]新中国成立以来，我国经济社会发生历史性变革，各民族之间大流动、大交往、大交融，共居、共学、共事、共商、共享成为常态，社会结构、文化形态发生重大变化，民族分布格局和交流、交往范围出现不可逆转变化，呈现出手足相亲、守望相助、政通人和、近悦远来的生动局面。可以说，铸牢中华民族共同体意识成为历史必然、人心所向、大势所趋。

（三）增强做好高校铸牢中华民族共同体意识教育的政治自觉

高校是人才汇聚的地方，青年也是价值观形成的重要阶段。抓好高校的中华民族共同体意识教育，就等于抓住了未来，管住了长远。当前，世界正经历百年未有之大变局，国际力量加速分化重组。"我国发展的外部环境愈益复杂多变，西方国家利用民族问题对我进行的遏制打压日益激烈，'三股势力'境外有种子、境内有土壤、网上有市场问题依然存在，民族领域发生'黑天鹅''灰犀牛'事件的概率增大"。[7]应对世界复杂局势、深刻变革，必须坚持把自己的事做好，重点做好青年人的教育，切实把爱国主义精神贯穿学校教育全过程，把爱我中华的种子埋入每个青少年的心灵深处，引导各族师生看到中华民族的走向和未来，构筑起中华民族共同体的铜墙铁壁。丁元竹教授认为："推进民族地区的现代化建设离不开发展教育和引进最新的技术知识，其中关键之关键问题，是要让各个民族人民自己掌握最先进的技术和知识。"[8]这一重要认识告诉我们，铸牢中华民族共同体意识必须从教育这个根本抓起，从高校专业设置、教学改革、生活条件、就业等方面采取切实有效的措施，加大教育投入，改善教育条件，让学生感受发展红利，感受党的温暖，促进学生更快地掌握先进技术，适应现代化和现代生活，融入现代文明，看到自己的美好未来和发展前景，激发起共建、共治、共融、共享幸福生活的热情，推动形成经济共同体、利益共同体、情感共同体、命运共同体。要把握工作重点，既要突出对少数民族学生的教育，也要加强对汉族学生的教育，只有这样才能做到各民族相互尊重、相互认同、相互依存。[9]

三、构建高校铸牢中华民族共同体意识教育工作长效机制的多维思考

习近平总书记在中央第七次西藏工作座谈会上指出："要重视加强学校思想政治教育，把爱国主义精神贯穿各级各类学校教育全过程，把爱我中华的种子埋入每个青少年的心灵深处""引导各族群众看到民族的走向和未来，深刻认识到中华民族是命运共同体，促进各民族交往交流交融。"[10]青海省委书记王建军在省委涉藏工作会议上强调："深入开展民族团结进步教育特别是感恩教育，铸牢中华民族共同体意识，打造新时代民族工作的'青海样板'。"[11]落实习近平总书记重要讲话精神和王建军书记要求，青海高校必须准确定位、积极作为、敢于担当，从六个方面下功夫构建铸牢中华民族共同体意识教育长效机制。

（一）聚焦"五个认同"教育上下功夫

"五个认同"是民族团结的根基，也是中华民族共同体意识培育的根本，我们要旗帜鲜明地强化"五个认同"教育。通过"祖国认同"教育，教育广大同学深刻认识到，我们伟大的祖国自古以来就是一个统一的多民族国家，各民族共同缔造了伟大的祖国，共同捍卫了祖国的统一，大家一定要把自觉维护祖国统一和加强民族团结作为自身的神圣职责，旗帜鲜明地维护国家利益和祖国尊严，同一切分裂祖国的言行做坚决斗争。通过"中华民族认同"教育，引导广大同学深刻认识到，中华民族是我国56个民族相互依存、共同发展凝聚而成的，每一个民族都是中华民族的组成部分，都是中华民族大家庭的一员，都和这个大家庭血肉相

连，休戚与共，大家一定要牢固树立中华民族命运共同体意识，始终把中华民族的共同利益摆在首位。通过"中华文化认同"教育，教育各族学生深刻认识到，我们伟大的祖国是世界上历史悠久的文明古国，在历史发展的长河中，智慧、勤劳、勇敢的中华民族创造了千古流芳的中华文化，各民族都为创造和发展中华文化做出了贡献，大家要多学习各民族团结友爱、和睦相处的优秀文化传统和多民族文化的共通性、相似性，淡化民族特殊性、差异性，不断增强中华民族的凝聚力和向心力，切实把中华民族共同体意识内化为价值导向和社会共识。通过"中国特色社会主义道路认同"教育，就是要引导广大同学深刻认识到，坚持社会主义道路，是中国历史发展的必然趋势，也是中国各族人民的必然选择，必须坚持马克思主义，牢固树立共产主义远大理想和中国特色社会主义共同理想。通过"中国共产党认同"教育，就是要引导广大同学深刻认识到，为中国人民谋幸福、为中华民族谋复兴是中国共产党的初心和使命。没有共产党就没有新中国，也只有在中国共产党的领导下，才能实现中华民族的伟大复兴。特别是通过对新冠肺炎疫情的强有力处置，我们要更加深刻地认识到中国共产党的伟大。对党的认同就要体现在要同以习近平同志为核心的党中央保持高度一致，听党话、感党恩、跟党走，不忘初心忠于党、砥砺前行为人民。

（二）抓好两个课堂结合上下功夫

中华民族共同体意识教育是一个宏大的教育主题，做不好容易大而化之，流于表面和形式。为此，应通盘考虑、阶段连贯、环节紧扣、不留空当，认真探索和实践分学期、模块化、渐进式、全过程育人新路径。一是抓好课堂教育。课堂教育是实现教育目标的主要方式，不仅关系到教学任务的完成，也关系到人才培养的质量。要重点开展马克思主义民族理论与政策课程的教育，从教师、教材、课时、考核等方面给予充分的保证。与此同时，中华民族共同体意识教育涉及多个层面，内涵丰富，不是马克思主义民族理论与政策课程能完全达到教育目的的。为此，要深入挖掘思政理论课及民族学、人类学、政治学、宗教学、历史学、传播学、法学、文学等一切哲学社会类课程的中华民族共同体意识教育资源，在传授专业知识过程中加强中华民族共同体意识教育，使学生在学习科学文化知识过程中，自觉提升民族团结意识，提高政治觉悟。二是抓好第二课堂。第二课堂是对课堂教育的有效补充、完善和升华。抓好第二课堂教育，对于强化中华民族共同体意识教育具有重要意义。第一，要打造系列优秀传统文化讲座，要特别关注来自不同民族的学生、来自不同地区的学生、来自不同专业的学生，努力做到全覆盖。要充分挖掘各民族优秀传统文化的教育因素，将中华民族共同体意识教育与民族优秀传统文化的天然联系讲深讲透，坚持正确价值取向，取其精华、去其糟粕，增强大学生的民族自尊心、自信心和自豪感。第二，要开展知识竞赛、文艺演出、民族艺术节、参观爱国主义教育基地等文艺类、知识类、节庆类、体育类、参观类、交际类活动，将中华民族共同体意识教育渗透到大学生学习生活的各个方面。第三，要加强实践教育，做到教育和实践两手抓，以教育引导实践、以实践深化教育。要面向民族地区组织开展顶岗支教、学雷锋志愿服务、社会调查、扶贫济困等实践活动，升华师生的民族感情、团结意识和感恩意识。第四，要积极发现和树立民族团结典型，用身边的典型教育引导广大师生，用小故事阐发大道理，做到深入浅出、情理交融，发挥典型人物的辐射带动作用。

（三）关注师生两个群体上下功夫

一是抓好对教师的教育。要特别注重对专家学者、青年教师和少数民族教师的教育。专家学者以自身高尚的道德品质和精湛的专业技术，在青年学生中具有很大的感召力。青年教师与学生年龄接近，与学生接触较多，对学生的思想行为影响更直接，他们的思想政治素质和道德情操对学生的健康成长具有重要的示范引导作用。少数民族教师由于在语言、文化、心理方面的天然优势，在少数民族学生中具有很大的影响力。因此，抓好教师的民族团结进步教育，对开展中华民族共同体意识教育具有重要的牵引作用，能够起到事半功倍的效果。相反，如果不加强对教师的中华民族共同体意识教育，他们可能在学生中起到反面作用，其负面影响和煽动力不可低估。在以往的工作中，加强中华民族共同体意识教育，主要强调对学生的教育，而忽略了对教师的教育，这是需要改进的重要方面。二是抓好所有学生的教育。我们在调查中发现，我省高校中华民族共同体意识教育中存在一些突出问题：高校之间相比，民族高校更加注重中华民族共同体意识教育，普通高校相对薄弱；学校内部将教育对象定格在少数民族师生和本地师生，而忽视对汉族学生和外地学生的教育；从年级来说，更注重对一年级新生的教育，高年级相对淡化。实际上，高校中华民族共同体意识教育是针对来自不同地区所有学生的普遍教育，单方面强调对某一群体的教育，都是片面的。只有对所有学生进行民族团结进步教育，才能做到各民族相互尊重、相互认同、相互依存，才能实现各民族共同团结奋斗，各民族共同繁荣发展。

（四）抓住成长成才根本上下功夫

铸牢中华民族共同体意识的根本目的是促进学生健康成长成才，成为德智体美劳全面发展的人才。因此，铸牢中华民族共同体意识，必须落实到教育教学这个根本上来，从专业设置、教学改革、生活条件、就业等方面采取切实有效的措施，提升教育教学质量，努力为学生提供优质教育资源，帮助学生健康成长成才。特别是针对少数民族学生多、家庭经济困难学生多、来自省内学生多的实际，各高校要付出更多的精力，做好这方面的工作。要切实加大学科专业调整力度，多设置与民族地区经济社会发展紧密相关的理工类专业，满足社会和学生的需求。要深化教学改革，强化通用语言文字教学，有效提升学生普通话水平和汉语文字表达能力，增强融入现代社会能力。要多争取社会资助，设立更多的奖学、助学项目和勤工助学岗位，帮助学生顺利完成学业。目前，少数民族学生中存在的最大困难和问题就是就业。这虽然是复杂的社会问题，但归根结底，需要高校切实采取一切手段，强化学生就业能力的培训，增强民族学生的就业竞争力，实现充分就业。

（五）增强服务社会能力上下功夫

大学的重要职能之一就是服务社会，青海高校的办学宗旨就是为青海经济社会发展服务，当前就要为青海"一优两高"战略和"四地"建设目标服务。但在多年的办学中，直接服务地区经济社会的能力不强，特别在服务民族地区发展方面相对滞后的问题始终没有很好解决。因此，青海高校一定要准确定位，立足青海大地办大学，加强与民族地区在各领域深度融合，立足民族地区特色和资源优势，寻求发力点、找准切入点、做实结合点，多组织师生赴民族地区开展文化交流、科技培训、调查研究、顶岗支教、帮扶支教、志愿服务等活动，注重科研成果转化，破解制约民族地区经济社会发展的难题，以实际行动助力民族地区全面建成小康社会，并在增强服务社会能力过程中，强化中华民族共同体意识。

（六）注重构建长效机制上下功夫

立足新时代，青海高校必须在今后的工作中紧扣铸牢中华民族共同体意识教育这个主线，坚持问题导向，聚焦目标任务，着力构建长效机制。一是搭建一个平台。依托青海民族大学等校优势资源，整合全省之力，打造集教学、科研、宣传、服务社会、学术交流为一体的省级教学研究实体——青海省铸牢中华民族共同体意识研究院，加强顶层设计，制订工作规划、实行目标管理。二是发挥两大功能。研究院对内发挥育人功能，构建以中华民族共同体意识培育系统工程为主体、课堂教育与课外教育相互协同的培育体系，以马克思主义民族理论与民族政策课、思想政治理论课、民族历史文化课为主干的课程体系，理论教学、实践教学、校园文化、社会实践彼此贯通的动力体系，巩固完善"科学研究＋课堂讲授＋专题讲座＋社会实践＋知识竞赛＋选树典型六位一体"的教育模式，以此调动一切组织资源和力量，朝着促进"中华民族一家亲、同心共筑中国梦"的培养目标聚焦发力；对外积极打造研究团队和宣传团队，开展理论和应用研究，进行理论和政策宣讲，挖掘整理研究青海各民族交往、交流、交融的历史事实，做好宣传引导，搭建载体平台，把握关键环节，在铸牢中华民族共同体意识上彰显优势守正创新，建成青海省创建全国民族团结进步省的"智库"。三是打造四个品牌。打造名师金课品牌，开设系列专题课程，包括专业课程和微课，开发专门教材，形成特色品牌；打造研究成果品牌，坚持问题、实践、成果导向，根据短期和长期研究两个角度，进行有组织的策划，短期围绕国家战略进行应用型研究并及时发声，长期围绕国家战略、青海省情和民族地区实际，开展基础性、理论性、学术性、政策性研究，拿出经得起历史和学术考验的权威著作；打造校园文化品牌，注重运用符合现代审美观念的话剧、情景剧、微电影等艺术形式，反映民族团结的历史题材和现实题材，打造校园文化经典品牌；打造实践平台品牌，包括校内实践和虚拟平台、校外社会实践基地。

参考文献

［1］习近平.习近平谈治国理政（第三卷）［M］.北京：外文出版社，2020.

［2］青海省统计局.青海省第七次全国人口普查公报［N］.青海日报，2021-06-16.

［3］葛水林.马克思共同体概念论析及对人类命运共同体构建的时代启示[J].南通大学学报（社会科学版），2020，36（6）：26-33.

［4］费迪南·滕尼斯.共同体与社会——纯粹社会学的基本概念［M］.林荣远，译.北京：北京大学出版社，2010.

［5］参见费孝通.中华民族多元一体格局［M］.北京：中央民族大学出版社，2017.

［6］习近平.在全国民族团结进步表彰大会上讲话［N］.光明日报，2019-09-27.

［7］孙学玉.担负起铸牢中华民族共同体意识的时代使命［J］.理论动态，2021-04-10.

［8］丁元竹.在中国特色社会主义现代化建设中铸牢中华民族共同体意识［J］.理论动态，2021-04-10.

［9］蔡舰.铸牢中华民族共同体意识［N］.光明日报，2019-04-09（06）.

［10］全面贯彻新时代党的治藏方略建设团结富裕文明和谐美丽的社会主义现代化新西藏［N］.人民日报，2020-08-30（001）.

［11］魏爽.描绘新时代青海民族团结新画卷［N］.青海日报，2020-09-23.

铸牢中华民族共同体意识中的中国法律史课程

——以汉藏双语法学教育为视域

何　巍*

摘　要：铸牢中华民族共同体意识关系到中华民族的长治久安，意义重大。汉藏双语法律教育对涉藏地区的法治建设、社会发展乃至铸牢中华民族共同体意识方面可以发挥重要作用，意义重大。而中国法律史课程在法学教育特别是汉藏双语法学教育方面可以有所作为。所以，中国法律史课程是教育部明确的高等学校法学专业核心课程之一，但在汉藏双语法学教育中的定位却有些尴尬。本文试图探讨汉藏双语法学教育的模式，中国法律史课程的性质与其在汉藏双语法学教育中的意义，特别是在铸牢中华民族共同体意识方面的意义。

关键词：铸牢中华民族共同体意识；中国法律史课程；汉藏双语法学教育；意义

一、前　言

1988 年，我国社会学和人类学的奠基人之一——费孝通先生在香港中文大学举办的"泰纳讲演"中，发表了题为《中华民族多元一体格局》的高论，提出了影响后世的"中华民族多元一体格局"的理论，在学术界产生了深远影响。在演讲中，费先生提出，中华民族这个词用来指现在中国疆域里具有民族认同的十亿人民。它所包括的五十多个民族单位是多元，中华民族是一体。它们虽然都称"民族"，但层次不同。中华民族作为一个自觉民族实体是在近百年来中国与西方列强的对抗中出现的，但作为一个自在实体则是在几千年的历史过程中形成的。

---

*何巍（1979—　），男，青海省海东市民和县人，土族，青海民族大学法学院讲师，法学硕士，主要从事法史学、法理学、宪法与行政法学、环境保护法学的教学与研究。

早在 1989 年 6 月，习近平同志担任福建省宁德地委书记期间，曾就做好民族工作、促进民族大团结的历史意义和现实意义这一问题进行过具体的思考，并撰写成《巩固民族大团结的基础》一文，收录在之后出版的《摆脱贫困》一书中。

2014 年 9 月 28 日至 29 日，习近平同志在中央民族工作会议暨国务院第六次全国民族团结进步表彰大会上发表重要讲话，对中华民族"多元一体"格局做了深刻阐述。习近平总书记指出，我国历史演进的这个特点，造就了我国各民族在分布上的交错杂居、文化上的兼收并蓄、经济上的相互依存、情感上的相互亲近、形成了你中有我、我中有你，谁也离不开谁的多元一体格局。加强中华民族大团结，长远和根本的是增强文化认同，建设各民族共同精神家园、积极培养中华民族共同体意识。

2017 年 10 月，习近平同志在中国共产党十九大报告中强调，全面贯彻党的民族政策，深化民族团结进步教育，铸牢中华民族共同体意识，加强各民族交往、交流、交融，促进各民族像石榴籽一样紧紧抱在一起，共同团结奋斗、共同繁荣发展。

2019 年 9 月 27 日，中华人民共和国成立 70 周年前夕，习近平同志在全国民族团结进步表彰大会上发表重要讲话，指出："实现中华民族伟大复兴的中国梦，就要以铸牢中华民族共同体意识为主线，把民族团结进步事业作为基础性事业抓紧抓好。"[1]

2020 年 8 月 28 日，习近平同志在中共中央第七次西藏工作座谈会上发表重要讲话。总书记深刻指出西藏工作必须坚持以维护祖国统一、加强民族团结为着眼点和着力点，强调要铸牢中华民族共同体意识。

所以说，铸牢中华民族共同体意识是习近平新时代中国特色社会主义思想的重要组成部分。是马克思主义民族理论中国化的重大理论创新成果。是习近平同志关于民族工作重要论述的重大观点。是新时代开展民族工作的重要遵循。筑牢中华民族共同体意识，夯实新时代各族人民共同团结奋斗、共同繁荣发展的思想基础，对于实现中华民族伟大复兴的中国梦具有重大现实意义和深远历史意义。

中华民族共同体意识不是一蹴而就的，不是自然而然形成的。在动荡的年代，它产生于中华民族大家庭为独立自主而开展的共同斗争，在和平进步的年代，它需要全方位的教育培养。

二、汉藏双语法学教育的主要模式

汉藏双语法学教育是进入 21 世纪 10 年代后，法学教育特别是青海等涉藏地区法学教育发展的"新引擎"与新的"竞争点"，相关院校都在极力挖掘自身定位与优势，因而主要院校的教育模式因地域及学校定位而稍有不同。

笔者认为，当下，汉藏双语法律教育的模式大致可以分为两类。第一类，在传统法学教育的基础上，以汉藏双语法学教育为亮点。例如，中央民族大学法学院的法学（藏语基地班）专业方向，西南民族大学法学院的法学（汉藏双语）本科，四川民族学院的法学（汉藏双语）本科专业（方向），还有青海警官职业学院的法律事务（含汉藏双语教学）等。第二类，以解决"市场"迫切需要为重点，侧重法律服务的核心业务——诉讼。例如，笔者所属的青海民族大学法学院的法学（汉藏双语诉讼方向）本科专业。2009年，我院在法学本科招生计划中增设了汉藏双语诉讼方向，培养目标定位于培养服务基层的应用型法律人才，专业特色定位于藏语与法律的紧密结合。

我院之所以将汉藏双语法学教育落脚到诉讼方向，笔者认为原因主要有两个方面。

第一，我们的法学（汉藏双语诉讼方向）与其他民族院校的双语法律教育差别并不非常显著。该专业培养系统掌握法学基本理论、基本知识和基本技能，同时又能熟练运用藏语，具备藏语交际能力和翻译技巧等双语使用技能，熟悉藏区传统、习惯，风土人情，具有较强法律意识，具备从事法律工作及法律服务的基本技能，有浓厚科学素养和人文素质的法学专门人才。也就是说，我们的汉藏双语诉讼方向与其他院校的特色专业（方向）既同属汉藏双语法律教育的范式，又要突出一些办学特色，所以抓住了法律活动特别是法律服务的核心——诉讼作为抓手。

第二，一方面，青海省是一个多民族聚居的省份，具有非常浓厚的少数民族色彩。虽然不是民族自治区，但全省有6个自治州、7个自治县，民族区域自治面积占到全省总面积的98%。丰富的民族资源使得民族问题的研究与解决成为青海省一个事关全局的重要课题。另一方面，青海省又是一个藏族和藏语言比重明显偏重的地区。6个自治州里5个是藏族自治州，1个是蒙古族藏族自治州。全省世居少数民族5个，其中回族没有民族语言，经常使用土语和撒拉语的人口较少，甚至有些蒙古族、回族群众平时熟练使用藏语。

应该说，随着社会的发展少数民族文化的发展有融会趋势，但在青海省的一些藏族聚居区，传统的农牧民民族生活方式仍未彻底改变，本民族的母语仍然是其主要甚至唯一的交际工具，在这些地区，汉语言文字基础极为薄弱，听不懂汉语、不会说汉语的现象较为普遍。从而导致这些地区缺乏既懂汉藏双语又精通法律的法官、检察官、律师、公证员以及翻译人员，无法满足当地民众使用本民族语言文字从事诉讼活动的需要。所以有学者认为"当前聚居区对法律藏语实践人才的迫切需求是汉藏双语法学专业教育的设立之源，更为精准地说，汉藏双语法学专业教育是以培养基层应用型法学人才为主，其专业特色应定位于藏语与法律的紧密结合。因此，汉藏双语法学专业教育的核心建设点其实应该就是对法律藏语的学习与运用"。[2]

也许正因为此，我院为了将有限的教育时间集中在培养学生的双语诉讼能力方面，在制定法学（汉藏双语诉讼方向）培养方案时难免"纠结"于如何分配课时，有些课程要不要安排，安排多少合适。中国法律史就是这种课程之一。例如，我院15级法学（汉藏双语诉讼方向）的培养方案中就没有参照以往的培养方案，中国法律史课程就没有列入其中。而16级法学（汉藏双语诉讼方向）的培养方案中，中国法律史系专业选修课。17级法学（汉藏双语诉讼方向）的培养方案中，中国法律史又变成了全校本科生的公选课。最新版本的培养方案还在修订当中。

当然，从汉藏双语法律教育特别是我院汉藏双语诉讼方向的设置宗旨、法律教育向实践教育倾斜的趋势（这种趋势之下，理论教育的时间必须要被压缩）来说，这种安排有其道理。在市场经济的大背景下，虽然法律教育不能完全"随行就市"，但也不能背离"供求关系"太远。

三、中国法律史课程的性质与地位

法律人众所周知，中国法律史是大学本科阶段法学与史学交叉的"法律四史"之一，是一门培养学生法律素养和法律逻辑思维的基础理论学科。中国法律在漫长的发展历程中渐渐形成了自身的特点，当今中国法律的发展也或多或少地受到了这些特点的影响。因此，要学习当今中国法律制度的内容，首先要了解中国法律在发展历程形成的特点。基于此，1998年教育部高教司编写出版了《全国高等学校法学专业核心课程教学基本要求》。明确了法理学、中国法律史、宪法、行政法与行政诉讼法、刑法、刑事诉讼法、民法、知识产权法、商法、经济法、民事诉讼法、国际法、国际私法、国际经济法14门课程的基本知识点、基础理论和基本应用。本《教学基本要求》是指导大学本科法学专业师生教学的必备文件。可见，当时核心课程包括14门，法理学、中国法律史、宪法、行政法与行政诉讼法、刑法、刑事诉讼法、民法、知识产权法、商法、经济法、民事诉讼法、国际法、国际私法、国际经济法。

2007年，教育部高校法学学科教学指导委员会在人民大学举行全体委员会议。会上通过的法学学科核心课程共16门，其中包括原来的14门核心课程，又新增了两门（环境法与资源保护法、劳动法与社会保障法）。2012 年 12 月 18 日，教育部高等教育司发布的"关于法学专业核心课程的说明"中又一次明示了法学专业核心课程应为 16 门：法理学、中国法律史、宪法、行政法与行政诉讼法、刑法、刑事诉讼法、民法、民事诉讼法、经济法、商法、知识产权法、国际法、国际私法、国际经济法、环境资源法、劳动与社会保障法。

2017 年，国务院学位委员会修订的《法律硕士专业学位研究生指导性培养方案》和 2018 年教育部发布的《法学类本科专业教学质量国家标准》中，法学专业核心课程采取了"10+X"的分类设置模式。"10"指法学专业学生必须完成的 10 门专业必修课，包括法理学、宪法学、中国法律史、刑法、民法、刑事诉讼法、民事诉讼法、行政法与行政诉讼法、国际法和法律职业伦理。"X"指各院校根据办学特色开设的其他专业必修课，包括经济法、知识产权法、商法、国际私法、国际经济法、环境资源法、劳动与社会保障法、证据法和财税法，"X"选择设置门数原则上不低于 5 门。

也就是说，作为法学本科的双语诉讼专业方向的学生，必须要完成中国法律史的教育。

四、中国法律史课程在汉藏双语法律教育中的意义

传统认为，中国法律史课程的开设决定了该课程承载的任务，包含如下方面：（1）了解和掌握中国法律起源、产生与发展过程及其演变规律；（2）使学生在了解中国古代法内容的基础上，认识中国古代社会中对法律产生重要影响的相关因素，从而培养学生的法律素养；（3）锻炼法律逻辑思维，培养法学方法运用能力；（4）帮助学生理解当代法律制度的基本术语和概念。[3]

2014 年 10 月，习近平总书记在主持中共中央政治局第十八次集体学习时指出，古代"礼法合治"有重要启示，"要治理好今天的中国，需要对我国历史和传统文化有深入了解，也需要对我国古代治国理政的探索和智慧进行积极总结"[4]。在建设社会主义法治国家的大背景下，如何正确看待传统文明及其智识资源，继承和发扬中国优秀的传统法律文化，成为一项重大课题，也为中国法律史教学提出了更高的崭新要求。

随着铸牢中华民族共同体意识日益成为当下高等教育包括法学高等教育的重要使命，中国法律史课程在这方面的先天优势应该受到足够的重视。

实现中华民族伟大复兴，需要各民族手挽着手、肩并着肩，共同努力奋斗。2019 年 10 月，党的十九届四中全会强调"坚持和完善民族区域自治制度"，并提

出了具体要求：坚定不移走中国特色解决民族问题的正确道路，坚持各民族一律平等，坚持各民族共同团结奋斗、共同繁荣发展，保证民族自治地方依法行使自治权，保障少数民族合法权益，巩固和发展平等团结互助和谐的社会主义民族关系。坚持不懈开展马克思主义祖国观、民族观、文化观、历史观宣传教育。

此处，笔者也无意"老生常谈"中国法律史课程的"明智功能"与"镜子功能"，只想结合中国法律史课程的性质与汉藏双语法律教育乃至我国民族高等教育的宗旨等问题探讨一二。

（一）共同传承中华文明的意义

学界普遍认同一个观念，即中华文明是全世界唯一一个未曾中断的文明。中华文明（至少中华历史）之所以能延绵不绝，一个重要原因在于中华文化滋养下的中华民族大家庭的"多元一体性"。无论我们每一个人具体是哪个民族，都是中华民族大家庭中的一分子，都应该承担起传承中华文明的责任。而历史与历史学是一个文明传承最重要的载体和最直接的表现形式。我们凭什么说中华文明未曾中断？一个重要证据就是从公元前8世纪（至少）以来连绵不绝的历史记录。中国法律史课程作为法律教育中直接担负传承中华文明历史记录与研究功能的课程，理应不能缺席法律教育的各个环节，包括汉藏双语法律教育。

还有一点，我们平时经常用"国学"这个概念代指中华传统文明文化，关于国学的定义，到目前为止，学术界尚未做出统一明确的界定。一般来说国学泛指传统的中华文化与学术，包括中国古代的哲学、史学、宗教学、文学、礼俗学、考据学、伦理学以及中医学、农学、术数、地理、政治、经济及书画、音乐、建筑等诸多方面。而史学既是国学的重要内容又是国学的重要载体。所谓"经史子集"，史是基础。截至目前，中华文明最引以为傲的部分仍然是我们厚重绵长的历史。这是整个中华民族共同的骄傲与我们存在的根本，理应由中华民族的每一分子共同传承。

（二）铸牢中华民族共同体意识的意义

法学教育的功能是什么？汉藏双语法学教育的功能又是什么？除了法学教育的基础功能之外，如果参考我院法学（汉藏双语诉讼方向）的培养方案，汉藏双语法学教育培养的是"具备从事法律工作及法律服务的基本技能，有浓厚科学素养和人文素质的法学专门人才"，那么可以认为，此类法学教育主要培养的应该不是以批判思维为显著特征的理论研究型人才，而是能够忠实履行法律法规，更好地实践法律服务的实务型人才。从此角度出发，汉藏双语法律教育的"成果"

更像是法律及国家意志的"代言人"。而要塑造这样的"代言人"，铸牢坚定的中华民族认同感显然是基础。而在铸牢法律人坚定的民族认同感方面，中国法律史课程具有不可替代性。

古往今来，有太多的证据能够说明民族存续与历史传承的密切关系。例如，2013 年 1 月 5 日，习近平总书记在新进中央委员会的委员、候补委员学习贯彻党的十八大精神研讨班上发表讲话时指出，重大政治问题处理不好，就会产生严重政治后果。当时习总书记就引用了清代思想家、诗人、文学家和改良主义的先驱者龚自珍的《定庵续集·卷二·古史钩沉二》中的名言"灭人之国，必先去其史"。强调要一个民族灭亡，首要方法是让它的史观消亡——践踏民族历史，解构民族文化，涤荡民族自信，破坏民族以及国家的认同。这也从反面论证了历史及历史教育与民族认同感的联系。

凡是熟悉中国法律史的人都知道《左传》有云："国之大事在祀与戎。"其中的"祀"，传统上理解为祭祀活动，但我们知道，远古时期，"巫史同源"，巫阶层在祭祀之外，也承担着记录历史的责任。随着我国古代巫史分道扬镳，更加专业、理性的史家出现，我国传统史学与家国命运联系更加紧密。相对而言，其他许多文明与国家的历史往往保存在宗教典籍或者传说故事中，例如《圣经》之于希伯来乃至基督教世界；吠陀之于古代印度；神道教之于日本。中国史学的传统更关注家国命运，与民族、国家的距离更近。

让我们把视线抬高一点，对标我国民族院校的历史使命来看汉藏双语法学教育的使命。民族院校兼有教育工作和民族工作的双重属性。1950 年 11 月政务院（国务院的前身）批准的《筹办中央民族学院试行方案》规定：中央民族学院的任务，一是为国内各少数民族实行区域自治以及发展政治、经济、文化建设培养高级和中级干部；二是研究中国少数民族问题以及各少数民族语言文字、历史文化、社会经济，发扬并介绍各民族的优秀历史文化；三是组织和领导关于少数民族方面的编辑和翻译工作。这个规定虽然只是针对中央民族学院而言，但实际上为所有的民族学院所遵循……1979 年 8 月召开的第五次民族学院院长会议确定：民族学院是主要培养少数民族政治干部和专业技术干部的社会主义新型大学……考察民族院校的演变情况，我们可以把民族院校的历史使命概括为"两个服务"：为少数民族和民族地区经济社会发展服务，为民族工作服务。[5] 如何理解"为民族工作服务"？党的十八大提出，新世纪新阶段民族工作的主题就是"各民族共同团结奋斗、共同繁荣发展"。党的十九大上，"铸牢中华民族共同体意识"，第一次写入党代会工作报告，写入新修订的《党章》，赋予民族工作新的内涵和重大历史使命，是习近平新时代中国特色社会主义思想在民族工作领域的具体体现。

而民族院校必须始终坚持"服务少数民族和民族地区、服务民族工作、服务国家发展战略的特殊定位"。[6]也就是说,民族院校不是普通的大学,除了普通高校的功能之外,民族院校还要有更多的政治担当,民族院校的法学教育同样如此。所以说,扎根于我国民族院校的汉藏双语法学教育必须想方设法培养更多具有坚定的中华民族认同感、具有相当科学人文素养、具有扎实法学知识与实物技能、具有献身民族地区法律服务工作的"四有新人"。而法律人众所周知,中国法律史学的研究与教育在凝聚民族与国家向心力,建构民族与国家认同感方面有天然优势。当然,其他例如宪法、行政法、刑法等课程也同时具有这种功能,但若论培养国家认同感的"密度"方面,中国法律史课程显然更有发言权。

(三)构建人类命运共同体的意义

马克思主义民族观认为,民族是一个历史范畴,有形成也有消亡。所以,笔者认为,民族共同体不是我们的"终点"而是人类的"驿站"。我们学习研究民族问题是为了解决人类的问题,我们铸牢中华民族共同体意识是为了最终升华到实现人类命运共同体。

从2012年,党的十八大明确提出"要倡导人类命运共同体意识,在追求本国利益时兼顾他国合理关切",到2018年3月11日,第十三届全国人大第一次会议通过宪法修正案,将宪法序言第十二自然段中"发展同各国的外交关系和经济、文化的交流"修改为"发展同各国的外交关系和经济、文化交流,推动构建人类命运共同体",构建人类命运共同体已经成为21世纪中国共产党及中华民族"为世界和平与发展贡献的中国智慧、中国方案、中国力量"。

笔者认为,基于人类文明发展的规律,基于中国共产党的根本宗旨和马克思主义的伟大理论,铸牢中华民族共同体意识是构建人类命运共同体不可或缺的重要一步。

然而,如何构建人类命运共同体依然是一个亟须探索的问题。2018年4月8日,习近平主席在会见联合国秘书长古特雷斯时指出,"中国正在统筹推进经济、政治、文化、社会、生态文明建设'五位一体'总体布局,这五方面也是构建人类命运共同体的主要内容"。而政治文明建设离不开法治,特别是"法治共同体"建设。在这方面,中华民族曾经共同创造的,深刻影响东亚地区古代文明,被称为"世界五大法系"之一的中华法系是一个可资借鉴甚至一定程度加以"复兴"的"法治共同体"平台。

而中华法系是由各民族共同创造的,是中华民族共同体的伟大贡献。通过我们对相关问题的研究,指导实践,再将研究与实践所得通过中国法律史这样的课程回馈学生与社会。从而在各族师生中树立民族自豪感和重塑人类命运的使命感，可以培养更多有志于为"中华法系的复兴"，有志于为人类命运共同体添砖加瓦的中华民族儿女，其中，当然包括少数民族儿女。

五、结　语

通过上述论证，我们可以发现，中国法律史课程在汉藏双语法学教育中是不可或缺的。然而目前，以我院汉藏双语法学教育中的中国法律史课程的开展来说，仍然有一些困难需要克服。作为相关课程的任课教师，我认为最主要的困难在两个方面。

一是汉藏双语专业的学生的基础相较于普通本科学生普遍较差，生源质量不高。当然，"冰冻三尺非一日之寒"，有些问题不是能够通过高校及教师自身能够迅速扭转的。但这也是我们应该努力和可以努力的方向。正因为藏区需要更优质的教育，所以才有了民族院校及汉藏双语法律教育的生存空间，毕竟"锦上添花不如雪中送炭"。

二是缺乏专门针对汉藏双语法律教育的中国法律史相关教材与资料。例如，几乎所有的中国法律史教材都以中原王朝或文明的法律制度与法律思想为主要内容，对于相应时期藏区的法制，藏区与中原的互动缺乏描述。

如何解决上述问题笔者还在思考，希望有更多专家关注双语诉讼教育，尽快构建起一套针对性更强，便于接受汉藏双语法学教育的学生产生带入感的教学资源，从而培养乃至最终铸牢他们的中华民族共同体意识，为更大更高目标服务。

参考文献

［1］赵岩.引导各族学生铸牢中华民族共同体意识——我国开展学校民族团结进步教育综述［J］.
　　中国民族教育，2019（12）：20-21.

［2］马兰花.民族双语法学教育问题分析——以青海民族大学汉藏双语法学教育为视角［J］.
　　青海民族大学学报（教育科学版），2011，31（6）：70.

［3］丁志.浅析中国法律史课程的教学困境与改进［J］.贵州警官职业学院学报，2017（3）：25.

［4］肖建飞，任志军.少数民族地区双语法律人才培养机制构建——基于少数民族地区法学教
　　育、司法考试、职后培训的实践［J］.黑龙江民族丛刊，2013（6）：159-160.

［5］钟海青.民族院校的使命［N］.光明日报，2013-07-10（13）.

［6］陈达云.民族院校的使命与担当［N］.中国教育报，2016-08-04（03）.